JN074747

パソコン仕事が
一瞬で片付く

Power
Automate

超 入 門

Peaceful Morning株式会社

藤澤専之介・白瀬裕大

本書に関するお問い合わせ

この度は小社書籍をご購入いただき誠にありがとうございます。小社では本書の内容に関するご質問を受け付けております。本書を読み進めていただきます中でご不明な箇所がございましたらお問い合わせください。なお、お問い合わせに関しましては下記のガイドラインを設けております。恐れ入りますが、ご質問の際は最初に下記ガイドラインをご確認ください。

ご質問の前に

小社 Web サイトで「正誤表」をご確認ください。
最新の正誤情報をサポートページに掲載しております。

- 本書サポートページ URL
  https://isbn2.sbcr.jp/14652/

ご質問の際の注意点

- ご質問はメール、または郵便など、必ず文書にてお願いいたします。お電話では承っておりません。
- ご質問は本書の記述に関することのみとさせていただいております。従いまして、○○ページの○○行目というように記述箇所をはっきりお書き添えください。記述箇所が明記されていない場合、ご質問を承れないことがございます。
- 小社出版物の著作権は著者に帰属いたします。従いまして、ご質問に関する回答も基本的に著者に確認の上回答いたしております。これに伴い返信は数日ないしそれ以上かかる場合がございます。あらかじめご了承ください。

ご質問送付先

ご質問については下記のいずれかの方法をご利用ください。

▶ Web ページより

上記のサポートページ内にある「お問い合わせ」をクリックすると、メールフォームが開きます。要綱に従って質問内容を記入の上、送信ボタンを押してください。

▶郵送

郵送の場合は下記までお願いいたします。
〒 106-0032　東京都港区六本木 2-4-5
SB クリエイティブ　読者サポート係

はじめに

本書を手に取ってくださりありがとうございます。

本書はプログラミングやITとは縁遠い方、ITエンジニアではない方を対象に「デスクトップ向けPower Automate」についてわかりやすく解説した入門書になります。

日常的なパソコン業務を自動化するテクノロジーであるRPA（Robotic Process Automation）は、日本において、2017年ごろより普及がはじまり、今では多くの企業で導入されるようになりました。一方、RPAはこれまで企業で導入を進めようとすると年間ライセンス費用が最低でも50万円以上かかり、ある程度の規模の企業でないと導入検討が難しいという側面がありました。

そんなRPAというテクノロジーに二の足を踏んでいた企業の方々にとって衝撃的なことが2021年3月におきます。テック界の巨人であるマイクロソフトが同社で開発するRPAツール「Power Automate for desktop」をWindows 10ユーザー向けに無料で提供することを発表したのです。さらには、Windows 11では「Power Automate」の名前で標準搭載されました。

本書は、そんな注目度の高い「Power Automate」の基本的な使い方から自身の業務を自動化する際に使える細かい情報まで、演習を通じて学べる解説書になります。

著者である私自身、「RPA」に出会うまではIT関連の仕事経験がなく、人材業界で営業や人事採用、経理といったプログラミングとは縁のない世界で生きていました。私が会社員として営業の仕事をしていた頃は、プログラミングができる人に対する漠然とした憧れを感じていました。そんなあるとき、一念発起し「プログラミングを学んで仕事の幅を広げよう」と考え、プログラミングスクールに通いはじめました。そのスクールでは、Webアプリを作るためにHTML、CSSといったプログラミングの基礎から学び、勉強をはじめてから2ヶ月後に簡単な掲示板アプリを作ることができました。この間、毎日2〜3時間ほど手を動かしながらプログラミングを勉強する日々は新鮮で楽しかった一方で、掲示板アプリができる頃には、「自分の作りたいものが作れるようになるまでには相当な勉強が必要になる…」という現実の壁にぶち当たり、急速にやる気を失ってしまいました。

そんなプログラミングの難しさを体感していたときに出会ったのが「RPA」でした。RPAは「クリック」や「入力」など、プログラミングの世界であればコードを書いて動かすものがあらかじめ「アクション」というブロックの形で用意されています。こういったブロックを組み合わせて、コードを意識せずに開発することを「ローコード開発」や「ノーコード開発」といい、近年こういったRPAなどのテクノロジーが増えています。

　はじめてRPAを学んだとき、勉強をはじめてたった2時間で簡単なロボットを作ることができました。プログラミングを勉強したときに比べ、圧倒的に短い期間で成功体験を得たことで、「これなら自分にもできそう…」「面白い…」と感じ、ハマっていきました。

　ITエンジニア不足の日本において、これからの時代はITエンジニアでなくても「RPA」のようなローコードツールを活用し、自分の業務を自ら自動化して生産性を上げていく流れは必然であり、私のように「プログラミングができない普通の人」がテクノロジーを活用できる世界を作れないかと考えました。そうして、RPAを知ってからすぐ、テクノロジーで平穏な社会を創る会社「Peaceful Morning株式会社」を立ち上げ、現在は「Power Automate」をはじめとするRPAツールの研修事業、「Robo Runner」などの事業を行っています。これまで、私自身の経験を基に、プログラミング経験がない従業員の方が自ら自動化を進められる人材に成長できるような支援を数多くしてまいりました。

　こういった経験を基に、本書ではプログラミング経験がなく、ITが苦手という読者の皆さんが「自ら自動化を行う楽しさに目覚める」ような体験をしていただけるよう構成しております。

　プログラミング知識がなくても、ブロックを組み立てるように直感的に使えるのが「Power Automate」です。最初に業務が自動化できたときは「魔法」が使えたような高揚感が得られることをお約束します。その高揚感をエネルギーにして本書を最後まで読み進めていただき、皆さまの日常的なタスクを自動化して働き方を良い方向に変革していただければと考えております。

さあ一緒に自動化への旅を進めましょう！

2022年12月　藤澤専之介

▶目 次

第 **3** 章　**日常業務の自動化の流れを掴む**
―作業を洗い出す・組み立てる・置き換える　　37

第 **4** 章　**迷ったときに便利な機能！
簡単な操作をレコーダーで自動化する** 57

第 **7** 章	**定型メールの一斉送信を自動化する** 185
	ファイルのテキストデータ取得／テキストの置換／メールの新規作成／ファイルの添付

第 **8** 章
業務でよくある操作に使える便利なアクション
207

変数の設定／ファイルパスを取得／ファイルを圧縮／ファイルを解凍／
セルのコピー／セルの貼り付け／条件分岐「If」「Switch」

付 録

⬇ 本書のサンプルデータのダウンロード

本書で使用するサンプルデータは、以下のサポートページよりダウンロードできます。

本書サポートページ
https://isbn2.sbcr.jp/14652/

本書サポートページからZIPファイル「powerautomate_sample.zip」をダウンロードしたら、展開して、「5章」「6章」「7章」フォルダーをWindowsのデスクトップにコピーしてください。

上記URLからZIPファイル「powerautomate_sample.zip」をダウンロードします❶。

ZIPファイル「powerautomate_sample.zip」をダブルクリックして展開します❷。

「powerautomate_sample」フォルダー内にある5章〜7章の各フォルダーをデスクトップにコピーしてください❸。

第 1 章

RPAとPower Automate の基本をおさえる

この章では、「Power Automate」について説明する前段として、「RPAとは何か？」やRPAとAIの違いなどについて解説をします。

そのうえで「Power Automateとは何か？」「何がすごいのか？」「どんなことができるのか？」「仕事がどう変わるのか？」といったことを説明していきます。

この章ではまだ手は動かしませんので、読み物として「へー」と思いながらリラックスして読んでいただければと思います。

▶この章でわかること

- RPAの概要
- Power Automateの概要
- デスクトップフロー
- クラウドフロー

RPAとは

　「**Power Automate**」とはマイクロソフトの自動化ツールです。その中で、マイクロソフトがWindows 10/11のユーザーに無料で提供しているデスクトップ向けPower Automateは、「RPA」というテクノロジーに属する製品の1つになります。

　ニュースや職場で導入されたという噂を聞いたなど、RPAというキーワードを聞いたことがあるビジネスパーソンは多いのではないでしょうか。MM総研による「RPA国内利用動向調査 2022」（https://www.m2ri.jp/report/market/year.html?year=2022）では、年商50億円以上の大手・中堅企業ではRPA導入率が45%と、約半数の企業がすでにRPAを導入しています。

　ただ、導入が進んでいるとはいっても、RPAに対して「すべての業務を自動化できる万能ツール」といったイメージを持っている方もいれば、「Excelデータをシステムに入力する際に使えるツール」といったイメージを持っている方など、RPAのイメージはさまざまです。

　そんな身近に普及しつつあるもののまだぼんやりとしている「RPA」とは、いったいどんなものなのでしょうか？

▶ RPAは何の略？

RPAは「Robotic Process Automation」の頭文字を取ったものです。

図　RPAとは

Robotic　Process　Automation
機械による　プロセスの　自動化

マウス操作　　　文字入力　　　コピペ・転記　　　Web情報抽出

Roboticが「機械の」という意味ですが、「ロボットアーム」のようなハードウエアのイメージではなく、パソコンやサーバーの中に入っているソフトウエアをイメージしていただけるとよいかと思います。Processは「仕事」や「業務」のことを指し、Automationは「自動化」という意味になりますので、RPAを直訳すると「ソフトウエアによる業務の自動化」といえます。

一般的にRPAは事務系職員がパソコンなどを使って行う作業を自動化できるソフトウエアロボットのことを指します。

近年ではあらゆる業態で「DX（デジタルトランスフォーメーション）」に関心が寄せられており、その中でもRPA技術は特に注目を集めています。

▶ RPAとAIの違い

よくRPAの説明をしていると、「AIとは何が違うの？」というご質問をいただくことがあります。RPAもAIも、事務系職員の業務の自動化を行うテクノロジーとして活用されていますので、その点は共通しています。大きな違いでいうとRPAは「ルールベース」、AIは「判断ベース」の自動化という違いがあります。

ルールベースの業務の自動化とは、**定型業務など手順が決まっている業務の自動化**のことを指します。業務が「A→B→C」の手順で行うと決まっているような場合や、メールの件名が○○だったら××のフォルダーに添付ファイルを格納する、といった特定の条件で決まっている処理をさせる場合に、RPAが活用されます。

一方、判断ベースの自動化とは、AIを活用して判断自体を自動化していくようなイメージです。1つ例を挙げると、ある果物の画像を読み込ませ、その画像が「リンゴ」なのか「バナナ」なのかを判断させる、といったようなことに活用されるのがAIになります。

図　RPAとAIの違い

| RPA | AI |

ルール化された仕事を対応
→データ入力、営業リスト作成、
　営業先に関する情報収集、顧客
　からの決まった質問への回答など

判断が必要な仕事を対応
→過去の取引を基にした商品の
　提案など

企業がRPAを導入する目的

　業界別でいうとRPAの導入は金融業界を中心にはじまり、製造業、サービス業、さらに現在では自治体にも広がっています。当初の導入は大手企業が中心でしたが、今では中小企業も業務効率化の手段として導入を進めています。

　なぜこれほどまでにRPAが注目されているのでしょうか。その答えは社会情勢の変化にあります。「働き方改革」といわれ、現在の働く環境は目まぐるしいスピードで変化を求められています。会社の中の仕事は、人が手で行っているルールベースの業務、手順の決まっているルーティンワークで溢れています。そこで企業の喫緊の課題である業務効率化・生産性改善の手段として、「RPA（業務の自動化）」が注目されているのです。

RPAの基本的な機能

　RPAの基本的な機能は、人がパソコンで仕事をする際の操作をソフトウエアが代替することです。

　現代のビジネスパーソンの多くは、マウスを操作したりキーボードで入力したりしながら日々パソコンを使って仕事をしています。RPAではこの操作や入力をソフトウエアが代わりに行ってくれるイメージです。

　たとえば、Excelを起動して売上を入力する、業務システムを開いてデータを取得する、といった日々の業務において、ソフトウエアがマウスの操作やキーボードからの入力を自動で行い、仕事をしてくれるテクノロジーと考えていただけるとよいかと思います。

RPA導入によって得られるメリット

RPAを導入することにより得られるメリットは多くありますが、その代表的なものを2つ紹介します。

▶ 人材不足の解消

データ入力などの人の判断がいらない、単純なデスクワークの業務をRPAに任せることができます。さらに、人が1日の中で行えるデスクワークには限界がありますが、RPAは毎日長時間稼働してくれます。

このような点から、RPAを導入することで、より会社全体の生産性は向上し、人材不足の解消につながります。

▶ 仕事の精度向上

人が入力作業を行う場合、手作業であるが故に、データの読み間違えや疲れによる入力ミスが発生してしまいます。しかし、RPAは入力ミスなどの心配をする必要がありません。

RPAで自動化ロボットを作成することを新人教育の一環として捉え、RPAの特徴を整理すると、ルーティン・単純作業に特化した、「ミスがなく」「最速で」「確実に業務をこなす」部下が入社したと考えることもできます。

Coffee break　Power Automateを使うことで自動化思考が身に付く

Power Automateのような自動化ツールを一度使ってみると、日々行っている仕事の中で「この業務も自動化できるかも！」といった感覚を持てるようになります。筆者の会社では、これを「自動化思考」と呼んでいます。「自動化思考」を持った社員が増えれば、「非効率な業務をそのままにしていると気持ち悪い…」という風土ができ、業務効率化が進みます。

ぜひこの本を読んで、身の回りで「この業務も自動化できるかも！」とひらめいたら、忘れないようにメモする習慣をつけましょう。

RPAでできることと私たちの仕事

　RPAで自動化できる定型業務には3つのポイントがあります。このポイントを理解したうえで、ご自身の普段行っている業務がRPAで自動化できるのか考えてみましょう。

▶ RPAでできること

RPAは、主に以下の点に当てはまる業務を自動化するのに適しています。

　①パソコンで作業する業務

　②定型化された業務

　③反復する業務

図 **RPAで自動化できる業務の条件**

	EASY 簡単なデータ入力	HARD 複雑なデータ入力
1 パソコンで作業する業務	業務システムへの入力など簡単なデータ入力	人の判断が必要な複雑なデータ処理
2 定型化された業務	**業務フローが決まっている** 人や状況によって左右されない	**状況により業務フローが異なる** 状況に応じて判断を必要とする業務
3 反復する業務	**安定した反復業務** 毎日、毎週など繰り返し行う作業	**イレギュラーな処理がある業務** ルーティン業務ではなく毎回異なる作業

　パソコンで仕事しているとExcel、Word、OutlookやGmailといったメーラー、会社で使っている業務システム、Webブラウザーなどのさまざまなアプリケーションソフトを使います。また、一連の業務で、複数のアプリケーションソフトを使うこともあるでしょう。RPAの便利な点は、そういった複数のアプリケーションソフトの操作の流れを自動化できる点にあります。たとえば、「業務システム→Excel→Outlook」の流れで行っている一連の業務

を自動化することが可能です。

　日々行う業務の中で「これ面倒くさいな」というものがあれば、RPA化できるチャンスかもしれません。

　あなたが日々行っているパソコンを使用した業務の中で、毎日・毎週など繰り返し行っている定型業務はありませんか？ たとえそれが1日10分の業務でも、自動化できれば1年間で3,650分、約60時間を捻出することができるのです。手でやればすぐ終わるから、と思うような仕事でも自動化していくことで、日々の仕事に余裕が生まれることになります。

　また、定型化していない業務であっても、この機会に業務を見直して業務手順を定めることができないか考えてみましょう。手順を定めることができる業務は、RPA化しやすい業務なのです。

　「この業務は自動化できるかな？」と悩んだら、以下のRPA化業務判定シートにYes/Noで答えていきながら判定してみましょう。

図　RPA化業務判定シート

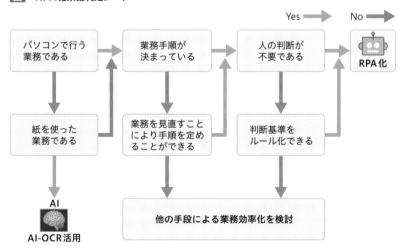

➤ RPAで業務を自動化していったら私の仕事はどうなる？

よく「RPAによる自動化が進むと私の仕事がなくなるのではないか？」といった不安を耳にします。本書を手に取っている方は違うかと思いますが、その不安からRPAを毛嫌いして、せっかく目の前にある便利なツールを遠ざけてしまう人がいるのも事実です。

この点に関して筆者が思うのは、「RPAはあくまで人の仕事を補完する存在である」ということです。RPAは「ルール化された定型業務の自動化」については得意ですが、イレギュラーな対応やRPAの行った業務の確認作業、顧客とのコミュニケーションなど、できないこともあります。

今後の世の中の流れとして、「RPA」をうまく活用・マネジメントできる人が重宝され、「RPA」と協力しながら日々の仕事を行う人が増えると考えています。

図　RPAで業務を自動化した場合

RPAは人間が行うパソコン業務をロボットが代わりに行うツール

・単純作業
・手順通りのタスク実行
・24時間365日稼働

・確認作業
・イレギュラー対応
・顧客とのコミュニケーション
・創造的な仕事

1-3 Power Automateとは

Power Automateは一言でいうと**マイクロソフトが提供する業務の自動化ツール**であり、デスクトップ向けPower AutomateはRPAツールで、パソコン業務を簡単な操作で自動化できるツールです。本書で解説する機能は、Windows 10以降を利用している人ならだれでも無料で使うことができます。まずは、Power Automateがどんなものなのか、確認しましょう。

Power Automateの特徴

デスクトップ向けPower AutomateはWindows 10であればインストールするだけで、Windows 11はインストールの必要もなく標準搭載されている状態で、一部機能が無料で使えます。インストールされているパソコンでは、青い矢印のような形のアイコンで表示されているアプリになります。以下の画像は、Windows 11に標準搭載されているPower Automateアプリのアイコンです。

図　**Power Automateのアイコン**

プログラミング経験がなくても使うことができるツールではありますが、使いこなすためには少しトレーニングが必要です。

　Power Automateはプログラミング経験のない方でも使いやすいように3つの特徴があります。

1. 設定作業はすべてGUI[※1]（Graphical User Interface）の画面操作で行うことができ、コーディング（プログラミング言語を使ってコードを記述すること）は不要
2. 豊富なアクションが用意されている（Excelを起動する、文字を入力するなど、自動化したい内容がパーツとして用意されているイメージ）
3. お手本の操作（アプリの操作）の流れを録画（記録）することもでき、作業の流れ図を自動で作ってくれる

　これら3つの特徴については2章以降で手を動かしながら学んでいきますので、ここでは「そういうものなのね」程度に読み進めていただければと思います。

▶ Power Automateの位置づけ

　Power Automateはマイクロソフトが提供する**Power Platform**の中の1ツールとなります。Power Platformはクラウドサービスで、ローコードのアプリ開発（可能な限りコーディングせずに開発）、プロセスの自動化、データの可視化、Botの開発を支援するツール群の総称です。デスクトップ向けPower AutomateではWindowsアプリケーションを自動操作するBotの開発が、Power Virtual AgentsであればチャットBotの開発が可能です。

　具体的には以下5つのサービスから構成されています。

- データの可視化：Power BI
- アプリ開発：Power Apps
- プロセス（業務）の自動化：Power Automate
- チャットBotの開発：Power Virtual Agents
- Webサイトの構築：Power Pages

※1▶ ユーザーがコンピューターの行動を画面上のボタンやアイコンなど視覚的に捉えて指定できるもの。

図　**Power Platformのツール**

Microsoft Power Platform

The low code platform that spans Microsoft 365, Azure, Dynamics 365, and standalone apps.

| **Power BI**
Business analytics | **Power Apps**
App development | **Power Automate**
Process automation | **Power Virtual Agents**
Intelligent virtual agents | **Power Pages**
External-facing
websites |

これらはすべて**ノーコード**（コーディングが不要）、**ローコード**で利用でき、利用者に開発スキルを求めない点が特徴です。また、Microsoft 365 ライセンスを契約していれば一部の製品について、追加費用なしで利用可能です。

> **Tips Bot とは**
> Bot とは事前に設定された処理を自動で行ってくれるプログラムのことです。「ロボット」からの派生語だといわれています。

Power Automate と Power Automate for desktop

Power Automate は、Power Platform の中で「プロセス（業務）の自動化」を行うツールと説明しました。実は Power Automate の中には大きく2つの機能（デスクトップフローとクラウドフロー）があります。Windows 10 ユーザー向けに無料で提供されたのは「Power Automate for desktop」と呼ばれ、この2つの機能のうち、デスクトップフローを使用した RPA ツールです。そして、Windows 11 に標準搭載されたアプリ上の表記は「Power Automate」となっていますが、無償で利用できるのは Power Automate for desktop の機能で、「デスクトップ向け Power Automate」とも呼ばれます。本書では、Windows 11 に標準搭載されている Power Automate で操作を紹介しますので、「Power Automate」と表記していきます。

また、デスクトップフローとクラウドフローについては1-4節で詳しく解説します。

デスクトップ向けPower Automateと 他のRPAツールの違い

Power Automateと他のRPAツールには、いくつかの違いがありますが、代表的なものを3つ紹介します。

▶ 無料でできる範囲が広い

2021年3月2日、マイクロソフトはWindows 10向けにPower Automate for desktopを無料で公開することを発表しました。さらにWindows 11ではデスクトップ向けPower Automateが標準搭載され、Power Automateのデスクトップフローが無料でだれでも利用できるようになりました。

「無料といってもできることが少ないのでは…」と考えている方はご安心ください。デスクトップフローのほぼすべての機能が追加費用なしで利用可能というお得な素晴らしいツールです（できないことについては後ほど解説します）。

無料の良さとしては、「導入・試用にかかるハードルが下がる」ことが挙げられており、最小限のコストで使いはじめることができる点が大きな魅力となっています。

予算の関係で今まで手が出せなかった中小零細企業でも無料なら手を出しやすいため、筆者の会社にPower Automateを使ってみたいという問い合わせをいただく企業の幅も広がっています。これまでは従業員数100人以上の大企業・中堅企業がほとんどでしたが、100名未満の企業や学校・自治体からも問い合わせをいただくようになってきています。

▶ Office製品やPower Platform製品との連携で 自動化の幅を広げることができる

皆さんの職場で普段使うアプリケーションとして多いのはExcel、Word、Outlook、PowerPointなどのマイクロソフトのOffice製品ではないでしょうか。同じマイクロソフト製であるPower AutomateはOffice製品との相性が

よく、数多くのアクションが用意されているのが特徴です。

またそれ以外にもPower Automateは、クラウドフローや、Power Apps などのPower Platform製品と連携することで自動化の幅を広げることができるという魅力があります。

たとえば、以下の図はPower Automateに最初から用意されている「アクション」の中から、Excelを操作するために用意された部品を検索した画面です。このアクションの一覧から選択して、操作の流れ（ワークフロー）を作っていくことができます。

図 **Power Automateで使用できるExcelを操作するための部品**

▶ プログラミング経験のない人に向けたユーザーフレンドリーなツール

Power Automateは営業部やバックオフィス部門などの**ITエンジニアではない人でも使えるように意識して作られたツール**である点が大きな特徴です。他のRPAツールの中にはプロ開発者向けのツールもありますが、Power Automateはより多くの人が利用しやすいように作られたツールです。

RPAとPower Automateの基本をおさえる

Power Automateの機能

Power Automateのライセンスは複雑です。自分が使用しているMicrosoftアカウントに紐づいているMicrosoft 365のライセンスやPower Appsのライセンス、Dynamics 365[2]のライセンスの有無によっても使える範囲が変わります。

今回は、Microsoftアカウントに他のライセンスがついていないという前提で、Power Automateのライセンスの違いを説明します。さらに、無料の範囲で一体どんなことができるのか、また有料との違いを解説します。

Power Automateのライセンスによる違い

Windows 10/11のユーザーは追加費用なしでデスクトップフローを利用できます[3]。また、Microsoft 365を契約していれば、一部のクラウドフローは追加費用なしで利用可能です。

「デスクトップフロー」はいわば「個人の作業の自動化」です。自身のパソコンでPower Automateを起動し、そのパソコン上で行う業務のフローを実行することができます。自分のパソコンで使用している、Offce製品、Webアプリケーション、所属企業独自で開発している業務システムなど、さまざまなアプリケーションの自動化を無料の範囲で行うことが可能です。作成できるフローの上限数はなく、「作ったフローを○回までしか動かせない」といった実行上限もありません。

有料ライセンスの「アテンド型RPAのユーザーごとのプラン」以上を購入すると、デスクトップフローだけでなく、クラウドフローまでのPower Automateのほぼ全機能を利用できるようになります。クラウドのPower Automateから、デスクトップを操作するイメージとしては、スマートフォンから遠隔操作でパソコンのロボットを動かすのがわかりやすいでしょうか。

※2▶ Dynamics 365とは、顧客の情報や行動履歴を管理したり、企業資源であるヒト・モノ・カネ・情報を活用して生産性の向上やコスト削減に役立てることができるマイクロソフトが提供する基幹業務アプリケーションソフト群のライセンスです。
※3▶ デスクトップフローの中でも無料で自動化できるのは、トリガーが手動の場合のみです。

また、作ったフローを複数人で共有する機能も有料版にしか無い機能であることには注意が必要です。

デスクトップフロー

Power Automateで、主に手元のパソコンのデスクトップアプリケーションで行う操作を自動化する機能が**デスクトップフロー**です。手元のパソコンの操作の1つひとつをプロセスと見立てて、それをフローチャート（作業の流れ図）とすることで、プロセスの自動化を実現していきます。デスクトップの操作を扱う機能は、Windows 10/11ユーザーであれば一部追加費用なしで利用が可能です。

実際にPower Automateで作ったデスクトップフロー画面の例が以下の図です。

図　Power Automate でデスクトップフローを作成した画面

クラウドフロー

クラウドフローは、主に複数のクラウドサービスの機能の1つひとつをプロセスと見立てて、それをフローチャート（作業の流れ図）にすることで、プロセスの自動化を実現します。手元のパソコン内の操作ではなく、クラウド側のサービスの操作を自動化することが可能です。

図 クラウドフローとは

　本書では、Windows 10/11のユーザーであれば無料で扱えるデスクトップ向けPower Automate（以降、Power Automate）のデスクトップフローの機能を取り扱っていきます。企業などでMicrosoft 365などを有料契約で利用しているなら、クラウドフローも利用できるので、クラウドサービスまで利用したさまざまな業務の自動化が可能になるでしょう。デスクトップフローでの業務の自動化に慣れたら、クラウドフローにも挑戦して、さまざまな業務の効率化を目指してみてください。

> **Tips** クラウドとは
>
> クラウドとは、インターネットを経由してアプリケーションソフトやストレージなどのサービスを必要に応じて使用できる仕組みのことです。クラウドの仕組みを使用して提供されるサービスのことをクラウドサービスと呼びます。

1-5 デスクトップフローでできること

Power Automateのデスクトップフローでは、手元のパソコンで行っているルール化された業務であれば自動化が可能です。ここでは、より具体的にどんなことが自動化できるのか、そして、Power Automateで日々の業務を自動化することによって、ご自身の仕事がどう変わるのかを考えてみましょう。

▶ Power Automateで自動化できる業務

Power Automateが実際にどんな業務を自動化できるのか、いくつかの職種の例を挙げて紹介します。さまざまな業務を自動化できるのがPower Automateの魅力です。ご自身の業務でも自動化できそうなものはないか、考えてみましょう。

▶営業関連の業務

- 複数の社内システムから必要なデータを取得し、明細書に情報を反映する
- 日次で作成される売上データを業務システムへ入力する
- 膨大な営業先リストをネットで検索し、資料を作成する
- 販売代理店が使用する営業資料の「誤字脱字チェック」「リンク切れのチェック」をする

▶マーケティング関連の業務

- Web上での自社製品の口コミ情報を取得してレポート化する
- 競合ECサイトの商品価格情報を取得して記入する
- 競合他社の広告を一覧で管理し、更新があった場合には情報を取得して一覧を更新する
- 決められたフォーマットに従って自社サイトのレポートを作成する

- 会計システムから業績データを抽出、必要なデータを加工して業績報告書を作成する

- 受注管理システムのステータスが検収済みに変更されたら、案件の請求書を作成する

- 販売データから請求情報を取得し、請求先ごとに請求内容を記載した請求書を作成する

- 当月売掛計上予定の案件データから未処理の案件を抽出し、フォローが必要な案件を一覧として資料化する

- 提出された予実管理表を集計し、業績取りまとめ表を作成する

▶ 人事関連の業務

- 地方税ポータルシステムから個人別住民税額をダウンロードし、給与データへ反映する

- 勤務表のデータを抽出し、残業時間がオーバーしそうな従業員をチェックする

- 提出された勤務表から特定のデータを抽出し、Excelの様式に合わせて情報整理と集計を行い、部署ごとの管理表を作成する

- 年末調整の際、配偶者控除申告書の内容をチェックする

Power Automate であなたの仕事はどう変わる？

Power Automateで普段の業務を自動化すると、時間的に余裕が生まれることは容易に想像できるかと思います。ここでは、Power Automateを活用することで、あなた自身やあなたの仕事がどう変化するのかを紹介しましょう。

▶ 非定型業務の時間が捻出でき、生産性の向上につながる

仕事には大きく分けて2つの種類があります。ルールが決まっている「定型業務」と、人の判断が必要な「非定型業務」に分けられます。

定型業務は、正確にコツコツと行う「作業」の時間が多いため、労力を消費し、新しい価値を生み出す非定型業務に時間をかけられないことにつなが

ります。そこで、定型業務をPower Automateに任せれば、人が非定型業務を行う時間が捻出でき、生産性の向上につながります。

これまで、多くの企業では業務を楽にするためのシステム改善は、情報システム部の人に依頼していたでしょう。しかし、人手や予算の都合からすぐには全ての問題に対応することができないのが現実でした。

一方、Power Automateを活用すれば、これまで改善したくてもできなかった小さな問題が、自分のスキルによってすぐに改善できるようになります。

Power Automateをうまく活用することで、1人に1台のアシスタントロボットがついたようなイメージで、あなたのできる仕事を拡張していきましょう。

▶ Power Automate を知ると業務に対する見方が変わる

よくワークショップや講習会などで、「自動化できそうな業務を考えてみてください」と質問すると、多くの方が、自分の仕事は自動化が難しいと感じるようです。

理由は1つひとつの業務に対して、「自分の判断」が必要だと思っているものが大半だからです。しかし、業務をよくよく掘り下げてみると意外とルール化できるケースが多いです。今までは自分の仕事は全部自分で判断しないといけないという認識でいた人も、Power Automateを勉強して使ってみると、自分で判断する必要のない業務がわかり、「フローを作ったら、100点満点の仕事はしてくれずとも70～80点くらいの仕事はしてくれそうだ」と考えられるようになります。もしご自身が持っている業務の自動化が難しそうだと思われるのであれば、一度ルール化できないか考えてみてください。

メール返信を例に挙げると、相手によってメール文をカスタマイズして返信したら相手は喜んでくれるかもしれませんが、ある程度場合分けして、テンプレートを使い分けるだけでも、業務上でのやり取りとしては十分なものになります。むしろその時間を使って他の仕事をした方が、結果的に大きな価値が生まれることもあります。

業務をルール化するための見方や、ルール化する習慣を身に付けることができるのがPower Automateを勉強するメリットの1つといえます。

▶私にもできるの？　難しくないの？

　ここまで読んでいただき、RPAやPower Automateがどんなもので、何ができるのか、少しご理解いただけたかと思います。一方で、自分にできるの？　難しくないの？　と不安に思う方もいるのではないでしょうか。

　結論からいいますと、手順通りに作るのであれば簡単に自動化ロボットを作ることができます。ただ、自分で考えたものを作るためには、少しの訓練が必要になるため、それは本書を通じて学んでいきましょう。

　私自身、営業の仕事をしていたときに、「プログラミングを勉強しよう！」と一念発起し、オンラインスクールに通いはじめた時期がありました。Rubyというプログラミング言語を使って、実際に動くアプリケーションソフトを完成させるまでに1ヵ月かかりました。

　一方、Power Automateであれば、基礎を学んでから2時間くらいで自動化ロボットを作ることができてしまいます。なぜそんなに早く作れるかというと、Power Automateにはアクションと呼ばれるテンプレートのようなものが多く用意されており、それらをドラッグ＆ドロップでつなげていけば作成できるからです。たとえると、レゴブロックでモノを作るイメージです。

　自分のやりたい自動化に対してどんなアクションが必要かを洗い出すのは、慣れるまで少し大変かもしれません。

　しかし、「クリック」や「文字を入力する」「Excelからデータを取得する」などは、Power Automateを使うと、想像しているよりも簡単に作れてしまいます。

　パソコンで行っている1つひとつの動作をPower Automateで作成しながら楽しく学んでいきましょう。

図　Power Automateのイメージ

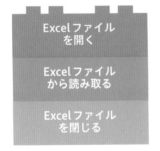

第 2 章

Power Automateの基本操作を理解する
―フロー作成・アクション追加・設定・実行・保存

この章では、Power Automate を利用するにあたって、パソコンの環境を整えます。Power Automate を問題なく動作させるためにマイクロソフトが推奨するシステム要件を確認しておきましょう。また、Power Automate を起動して画面構成や基本操作を学んでいきます。やっとツールに触れるワクワク感でサクサク読み進めていただければと思います。

▶この章でわかること
- Power Automate の利用環境
- 画面構成と基本操作
- フローの作成
- フローの実行と保存

Power Automate をはじめる前に準備するもの

Power Automate を利用するためには、Windows OS（Operating System）が導入されたパソコンが必要です。お手元のパソコンのOSを確認しましょう。

また、Windows 11 では標準で用意されていますが、Windows 10 を利用している場合、Power Automate のインストールが必要です。付録（P.239）を参照し、インストールしてください。

Power Automate の前提条件

Power Automate を利用するには、Microsoft アカウントでサインインする必要があります。また、マイクロソフトは Power Automate を利用する際のシステム要件を公開しています（https://learn.microsoft.com/ja-jp/power-automate/desktop-flows/requirements）。本書で解説する操作を行う場合、以下の環境が必要となるので、ご自身のパソコン環境が条件を満たしているか、確認しておきましょう。

▶ 対応OS・動作環境と確認方法

Power Automate が利用できる Windows のエディションと動作環境は以下のとおりです。

- Windows 10 Home/Pro/Enterprise
- Windows 11 Home/Pro/Enterprise
- Windows Server 2016/2019/2022

表 Power Automate を利用するうえで求められる動作環境

項目	推奨動作環境	必要動作環境
ストレージ	2GB以上	1GB以上
RAM（メモリ）	4GB以上	2GB以上
プロセッサ	2つ以上のコアで1.60GHz以上	2つ以上のコアで1.00GHz以上

STEP 1　OS／メモリ／プロセッサ／ストレージを確認する

　パソコンのOSがわからない方は、以下の方法で確認しましょう。Windows のデスクトップ画面にある「スタート」ボタンをクリックして、上の検索ボックスに「Windows の仕様」と入力します。このとき、Windowsの後にスペースを入れてください。入れないとWeb検索になってしまうことがあります。

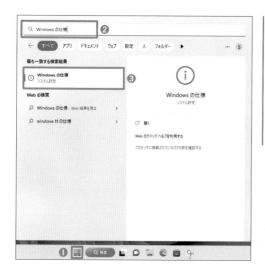

「スタート」ボタンをクリックして❶、開いた画面の検索ボックスに、「Windows の仕様」（Windows の後にスペースを入れる）と入力し、検索します❷。
検索結果の「Windowsの仕様」（下に「システム設定」と表示）をクリックして開きます❸。

MEMO Windows 10の場合、タスクバーに表示されている検索ボックスから検索します。

設定アプリのシステムのバージョン情報が開きます。「Windowsの仕様」項目にOSのエディションやバージョンなどが記載されています❹。

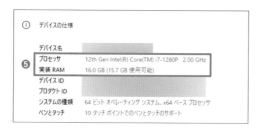

「Windowsの仕様」の上には、パソコンのメモリなどを確認できる「デバイスの仕様」の項目もあるので、利用条件に当てはまっているか確認しましょう❺。

「エクスプローラー」を開き、「PC」のPower Automateをインストールするドライブの空き容量で、ストレージを確認しましょう❻。

▶ Webブラウザーに拡張機能の追加

　Power AutomateでWebブラウザーの操作を自動化する場合は、事前に拡張機能を追加する必要があります。本書では、Google Chromeを利用したWebブラウザーの操作の自動化を行いますので、付録（P.241）の解説を参考に、Chromeに拡張機能を追加しましょう。またその他のブラウザーを利用する場合は、Webブラウザーごとに拡張機能を追加しておいてください。

拡張機能を追加できるWebブラウザー

- Microsoft Edge
- Google Chrome
- Firefox

図　Chromeに追加したPower Automateの拡張機能

2-2 Power Automateの起動とサインイン

Power Automateを最初に起動するときには、Microsoftアカウントでのサインインが必要です。Microsoftアカウントは、Windowsの利用時にすでに登録されていることが多いと思います。企業や学校では、利用者ごとに用意している場合もありますので、確認しておくようにしましょう。

また、Power Automateで利用するMicrosoftアカウントを新規に作成することもできます。本書で紹介するデスクトップフローの機能だけなら、無料のMicrosoftアカウントで利用できます。Microsoftアカウントの登録方法については、付録（P.235）を参照してください。

STEP 1 Power Automateを起動してサインインする

それではPower Automateを起動してみましょう。本書ではWindows 11を使って紹介します。Windows 10でまだPower Automateをインストールしていない場合は、先に付録（P.239）を参考にインストールしておく必要があります。

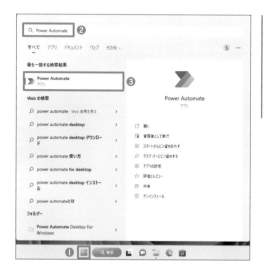

「スタート」ボタンをクリックし❶、上の検索ボックスに「Power Automate」と入力します❷。
検索結果に表示された「Power Automate」（下に「アプリ」と表示）をクリックして起動します❸。

25

はじめて起動する場合には、まずサインインが求められます。Microsoftアカウントのメールアドレス（アカウント名）とパスワードを入力して進めていきます。

Microsoftアカウントのメールアドレスを入力し④、「サインイン」をクリックします⑤。

Microsoftアカウントのパスワードが求められます。パスワードを入力して⑥、「サインイン」をクリックします⑦。

Power Automateへようこその画面が開きます。「次へ」をクリックして進めましょう⑧。

🗐 **MEMO** マイクロソフトにオプションデータの収集を許可するなら、「オプションである使用状況診断データの収集を許可する」にチェックをします。

「国/地域の選択」のリストで「日本」を選択したら❾、「開始する」をクリックします❿。

Power Automate の起動画面であるPower Automate コンソールが表示されます。
自分でフローを作成したり編集したりする操作は主に、「自分のフロー」タブから行います⓫。

2

Power Automate の基本操作を理解する――フロー作成・アクション追加・設定・実行・保存

　これでPower Automateが起動しました。この起動画面は「Power Automate コンソール」と呼ばれます。次回の起動時からは、このPower Automate コンソール画面から表示されます。

STEP 2　Power Automateのフロー作成の操作を確認する

　Power Automateでは、1つひとつの自動化手順のまとまりを「**フロー**」と呼び、このPower Automate コンソールからフローを作っていきます。フローを作成して保存すると、コンソール画面に一覧表示されます。
　ここで、新しいフローを作成して、実際にフローを作成していく「フローデザイナー」と呼ばれる操作画面まで進めてみましょう。
　Power Automateコンソールの「＋新しいフロー」をクリックします。画面上部の「＋新しいフロー」でも、画面中央の「＋新しいフロー」のどちらでもかまいません。ただし、フローを保存すると中央のボタンは表示されなくなります。

Power Automateコンソール画面上のコマンドバーの「＋新しいフロー」をクリックします❶。

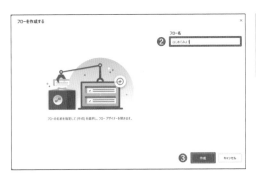

「フローを作成する」画面の「フロー名」に任意のフロー名（ここでは「はじめてみよう」）を入力します❷。「作成」ボタンをクリックします❸。

フローを作成するフローデザイナーが起動します❹。このフローデザイナーの画面で、自動化のフローを作成していきます。

操作画面の構成と基本操作

ここまで読んでみて、「早くフローを作成してみたい！」とやる気に満ち溢れているのではないでしょうか。

本節ではPower Automateの操作画面ごとの役割や、どのように各画面を操作するのかについて解説していきます。この節を読むことで基本的な操作の流れを理解することができます。

POINT 2-3節でわかること

- 操作画面の基本構成
- フロー作成の流れ

Power Automateコンソールの各機能紹介

Power Automateを起動した画面が**Power Automateコンソール**です。作成して保存したフローが一覧表示され、実行や、フローの再編集時の指定、保存したフローの削除などが行える、フローの基本管理画面になります。

図 **Power Automateコンソール**

● タイトルバー（「ウィンドウ操作」ボタン）

タイトルバーの右側には、サインインしている Microsoft アカウントの
ユーザー名と、「最小化」「最大化 / 元に戻す」「閉じる」ボタンが並んでいま
す。ユーザーのサインアウトや Power Automate の終了などを行います。

● コマンドバー

「＋新しいフロー」や、メイン領域のフロー一覧でフローを選択すると、
「実行」「停止」「編集」などのフローの操作ボタンが表示されます。「…」（そ
の他のアクション）ボタンをクリックしたメニューから、フローの「削除」
や「コピー」といった操作が行えます。

● メイン領域

作成して保存したフローが一覧表示される領域です。フローを選択する
と、「実行」「停止」「編集」ボタンが表示され、「：」（その他のアクション）
ボタンで削除やコピーが行えます。また、「ステータス」では、実行されて
いるかどうかなどのフローの状態が確認できます。

デスクトップ向け Power Automate では、Power Automate の使い方
の紹介やチュートリアルなどが表示されている「ホーム」タブと、作成・保
存したフローが一覧表示される「自分のフロー」タブ、それにマイクロソフ
トが例として用意しているフローが集められた「例」タブが用意されていま
す。基本的に使うのは「自分のフロー」タブです。

▶▶ フローデザイナーの各機能紹介

RPA はよく、コーディングを多く必要としないローコードツール、と表現
されることがありますが、Power Automate もローコードツールの一種であ
り、自動化したい操作をドラッグ＆ドロップしながらブロックのように組み
立てていきます。

フロー作成に必要な機能が1画面に詰まっていてわかりやすいのが Power
Automate の大きな特徴です。

このブロックのように組み立てていくのが、前節の最後に起動した**フロー
デザイナー**と呼ばれる画面です。このフローデザイナーがフロー作りのメイ
ン操作画面です。フローデザイナーに配置されている各部の名称と機能につ
いて紹介しておきましょう。

図　フローデザイナー

メニューバー　　　　ツールバー

変数

UI要素

画像

アクションペイン　　ワークスペース

2

Power Automateの基本操作を理解する──フロー作成・アクション追加・設定・実行・保存

- **メニューバー**

　フローデザイナーで行える機能がメニューとしてまとめられています。

- **アクションペイン**

　画面左側の**アクションペイン**には、利用できるアクションの一覧が並んでいます。ExcelやOutlook、テキストやメール、ファイル操作など、よく使うアクションは項目ごとに分けられていますが、その数はとても多いので、アクションを探す場合は、上部の検索ボックスを利用すると便利です。

- **ワークスペース**

　操作（アクション）の流れ（フロー）を配置する場所です。フロー作成時にメインで使う部分になります。**ワークスペース**は「Main」タブと「サブフロー」タブで切り替えますが、通常は「Main」タブを使用します。

- **ツールバー**

　ワークスペースの上のツールバーには、「保存」「実行」「停止」「アクションごとに実行」「レコーダー」ボタンが並び、作成中のフローの操作が行えます。右端の検索ボックスは、ワークスペース内のフローの検索です。

- **変数/UI要素/画像パネル**

　フローデザイナー画面の右端に並んだ「**変数**」「**UI要素**」「**画像**」は、ワークスペースに配置したアクション内で使用する変数、UI要素、画像などの指定・確認を切り替えるアイコンです。各アイコンをクリックすると、ワークスペースの右側にパネルが表示されます。変数やUI要素については、5-6節で詳しく解説します。

▶ フローデザイナーの基本操作

　フローデザイナーの画面各部を紹介したので、その役割をもう少しわかってもらうために、基本的なフロー作成の操作の流れも簡単に紹介しておきましょう。業務を細かい作業レベルで分解すると、「アプリケーションを起動する」や「ファイルを開く」など、1つの業務の中でさまざまな操作を行っています。Power Automateにはそういった1つひとつの操作がアクションとして用意されています。業務を自動化する際には、アクションの一覧から該当の操作を探し、そのアクションをワークスペースへドラッグ＆ドロップしてフローを組み立てていきます。これがPower Automateで業務を自動化する基本の流れです。

図　**フロー作成の基本的な流れ**

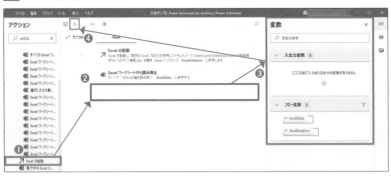

❶ アクションペインで動作に対応するアクションを選択します。
❷ アクションをドラッグ＆ドロップでワークスペースに配置し、フローを並べていきます。
❸ 変数/UI要素/画像パネルで、ワークスペースに登録したアクションの動作の細かい調整や設定変更を行います。
❹ ワークスペースの上にある「実行」ボタンで動作テストをします。

2-4 簡単なフロー作成を体験する

先ほど説明したフローデザイナーの基本操作の流れで、実際にフローを作ってみましょう。アクションをドラッグ＆ドロップでワークスペースに順番に並べていくことが主な操作になります。実際に手を動かして、Power Automateがどんなものなのか、体験してみましょう。

▶ お題：メッセージボックスを表示するフローを作ろう

フローデザイナーのアクションペインにある「メッセージを表示」アクションをドラッグ＆ドロップして、「こんにちは！」というメッセージボックスを表示するフローを作ってみましょう。

▶STEP 1 新しいフローを作成する

「スタート」ボタンからPower Automateを起動して、新規フローを作成します。

Power Automateを起動して、「＋新しいフロー」をクリックします❶。

MEMO 起動の方法は、2-2節を参照しましょう。

フロー名に「メッセージを表示してみよう」と入力し❷、「作成」ボタンをクリックします❸。

メッセージを表示するアクションを追加する

フローデザイナーが開きます。アクションを検索して、ワークスペースに追加しましょう。

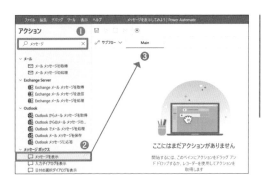

アクションペインの検索ボックスに「メッセージ」と入力して検索します❶。
アクション一覧の「メッセージボックス」の項目にある「メッセージを表示」を選択し❷、ワークスペースにドラッグ＆ドロップで追加します❸。

メッセージボックスに表示するテキストを設定する

ワークスペースにドラッグ＆ドロップすると、設定画面の「メッセージを表示」ダイアログが開きます。ここでどんなメッセージボックスにするかのパラメーター設定を行います。今回はタイトルと表示するメッセージを設定しましょう。

「パラメーターの選択」の「メッセージボックスのタイトル:」項目に「練習」 ❶、「表示するメッセージ:」項目に「こんにちは！」と入力します ❷。
設定したら「保存」ボタンをクリックして、ダイアログを閉じます ❸。

MEMO 「メッセージボックスボタン:」項目は、メッセージボックスの「OK」や「キャンセル」など、メッセージボックスを閉じる際のボタンの設定です。

STEP 4 作成したフローを実行する

メッセージボックスのアクションの設定ができたので、ワークスペースの上の「実行」ボタンをクリックして動作を確認してみましょう。「こんにちは！」と表示されたメッセージボックスが開いたら成功です。

ワークスペースの上の「実行」ボタンをクリックします ❶。

エラーや途中で停止することなく、「こんにちは！」と表示されたメッセージボックスが出たら、フローが問題なく実行できています。「OK」ボタンをクリックして閉じます ❷。

フローの実行ができたら、保存して終了しましょう。

ワークスペースの上の「保存」ボタンをクリックします❶。保存したら、「閉じる」ボタンをクリックして、フローデザイナーを閉じます❷。

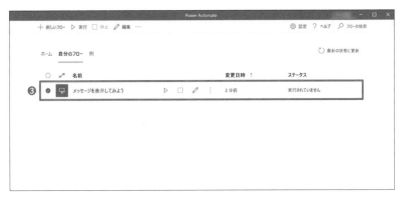

Power Automate コンソールに戻ると、メイン領域の「自分のフロー」に保存したフローが表示されていることを確認してください❸。ここから実行や再編集などが行えます。

　いかがだったでしょうか。このようにプログラミング経験がなくても直感的に自動化フローを作ることができるのが、Power Automate の魅力です。

第 3 章

日常業務の自動化の流れを掴む
─作業を洗い出す・組み立てる・置き換える

この章では自分の自動化したい業務をイメージしながらフローを作成していきます。

「この業務が面倒だから自動化したい」と考えても、その業務の手順がどうなっているかを日常的にフロー図に起こすことはやっていない方が多いかと思います。この機会に業務を文章やフロー図で可視化する方法を学びましょう。

またフロー図を書き終えたら、手順に沿ってはじめての自動化をしてみましょう。

▶ この章でわかること

- 業務の流れの可視化
- 業務フロー図の作成
- デスクトップアプリケーションを起動する
- テキストを入力する

　普段行っている業務をPower Automateで自動化するといっても、何から はじめればよいのかわからないことも多いでしょう。Power Automateをは じめる前に、まずは業務をどのように自動化していくのか、その考え方と手 順のおおまかな流れを理解しましょう。

自動化する業務のフロー図を準備

　Power Automateで自動化していくのに役立つのが、**業務フロー図**です。 業務フロー図とは、業務の1つひとつの作業の流れを可視化したものです。 この図の流れに合わせて、Power Automateに1つひとつの作業を登録して いきます。

　ただ、いきなり業務の可視化、業務フロー図の準備といわれても難しいと 思います。ここでは、まず業務を可視化していく手法から解説していきます。

図　**業務フロー図のイメージ**

商品システム登録フロー（例）

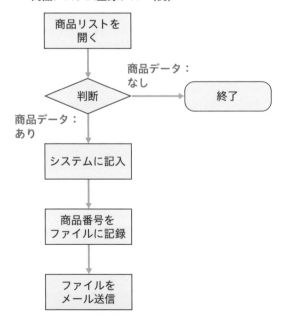

> **Tips** 業務フロー図とは
>
> 業務の流れや作業の手順などを、図形や線などを用いて表したものです。業務フロー図を作成することで、業務の全体を俯瞰することができます。

なぜ業務を可視化する必要があるのか

業務フロー図は、1つの業務の中でどんな作業を行っているのかを流れで可視化したものです。自動化を進めていくには、とても役立つものであり、業務の自動化の基本になります。ではなぜ、自動化したい業務を可視化する必要があるのでしょうか。

可視化する目的として、以下の点があります。

1. Power Automateでどんな機能を使うべきかを明確にする

2. なぜその業務があるのか、それを行う目的は何か、といった背景を自分や同僚にビジュアルで理解してもらう

1.は、業務で行っている作業を整理することで、Power Automateに登録する内容を理解することができます。2.は業務フロー図が、自動化ロボットを使う人たちに必要性を理解してもらう資料になり、さらには、実用化した後で、他の人に引き継ぐ場合にも有用なものになります。

業務の可視化方法

業務フロー図を描く前に、自動化したい業務について箇条書きでよいので、内容を書き出すことからはじめましょう。まずは、次の2点から書き出します。

* 業務名
* 業務の概要

業務の目的を業務名として、どんなことをしているのか概要を書き出します。たくさんフローを作っていく場合は、ロボットNo.も入れておくと後でわかりやすいでしょう。

ロボットNo.	5
業務名	ExcelからWeb業務システムに入力
業務概要	
Excelにログイン情報が記載されており、そのログイン情報を使用して業務システムへログインし、登録する取引先データが記載されたExcelファイルの情報を業務システムへ転記する業務。	

次の段階として、書き出した業務概要を基に、業務の作業手順を書き出していきます。業務フロー図に慣れるまでは、いきなりフロー図を作成するのではなく、業務の目的と行っている手順を箇条書きで書き出すことからはじめるのがよいでしょう。

図　業務手順の書き出し例

No.	業務概要
1	ExcelからログインID、パスワードを取得
2	Chromeで業務システムのサイトを開く
3	業務システムへログイン
4	Excelから新規取引先情報を取得
5	業務システムへ転記
6	新規取引先情報の個数分、5を繰り返し処理

> **Tips** 業務内容を書き出すときは「人の判断」が必要な作業がないか確認する
> RPAでの業務の自動化において、最も注意したい例外的な作業の流れが、"人の判断"が入るかどうかということです。箇条書きで作業手順を書き出すときには、人の判断が入らないように分解できるかどうかを確認することが大切です。

業務フロー図に使う図形には意味がある

箇条書きで書き出したものからフロー図にするメリットは、業務の流れが俯瞰できるようになることです。俯瞰することで、業務の中で出てくる例外的な流れなどを洗い出していくことが主目的になります。

▶ フロー図に使う図形の意味

　業務フロー図では、図形を使って1つひとつの手順を表していきます。ここでは、基本的な4つの図形を紹介しておきます。

表　フロー図に使う基本の図形

記号名	図形	概要
開始・終了		開始や終了などを表す図形です。○（円形）のこともあります。
処理		操作や動作、機能を表す図形です。
判断		「はい」「いいえ」や「真」「偽」の結論によって処理を分岐させる場合に使用する図形です。
ループ	Start End	「Start」と「End」に挟まれた処理を繰り返す図形です。

　図形はこの他にもありますが、すべてを覚える必要はありません。Power Automateでの自動化では、人の判断が入らない操作を登録していくので、多くの場合、この4つの図形で業務フローを表現できるかと思います。本書で紹介する自動化もこの4つだけで表現しています。

　業務フロー図は、どんな方法で描いてもかまいません。手描きでもかまいませんし、自分が使い慣れたツールでも大丈夫です。たとえば、多くの人が使っている表計算ソフトのExcelでも作成できます。

▶ Excelで作成するフロー図

　本書では、Excelを使った業務フロー図の作成方法を紹介します。Excelで業務フロー図を作成する場合、リボンの「挿入」タブにある「図形」に、業務フロー図で使用できる図形が用意されています。これらを使用して業務フロー図を描いてみましょう。

日常業務の自動化の流れを掴む──作業を洗い出す・組み立てる・置き換える

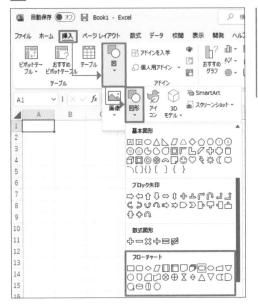

図 Excelの図形リストにある「フローチャート」の図形を使う

リポンの「挿入」タブから「図」→「図形」をクリックします。「フローチャート」にフロー図に使える図形が用意されています。他にもループの図形は「四角形」などから選択して利用できます。

　Excelを使用して、業務フロー図を描いてみましょう。例題として、メモ帳を起動し文字を入力する、というフローを考えてみます。作業の操作を分けて考えると「メモ帳の起動」と「文字の入力」の2つに分けられます。さらに物事には開始と終了が必要となりますので、開始と終了を意味する図形をフロー図のはじめ（上）と終わり（下）に配置しましょう。

　以下の箇条書きを基に、業務フロー図を作成します。

表 業務フロー図の作業内容

No.	業務概要
1	メモ帳を起動
2	「あいうえお」と入力

STEP 1　Excelでフロー図の図形を描画する

　Excelを起動し、「新規」の「空白のブック」を選択して新しいワークシートを開きます。まずは、ワークシートに、箇条書きにした作業の1つひとつを図形として配置していきます。

「挿入」タブ❶の「図」❷→「図形」❸→「フローチャート」の「フローチャート：端子」❹という図形をクリックし、ドラッグでシートに図形を描画します。

MEMO 既定では図形に色がついており、中に文字を書くと見辛いので、「塗りつぶしなし」にして枠線だけに変更しておきましょう。また、ここでは文字を中央揃えに設定します。

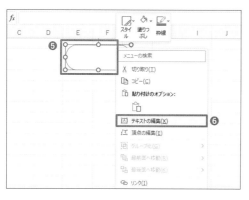

ドラッグで描画した図形の中に、これが何を示しているのか分かるよう文字を入力します。図形を右クリックし❺、メニューの「テキストの編集」をクリックします❻。

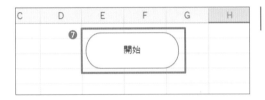

スタートの図形になるので「開始」と入力します❼。

続いて、同じように「開始」の下に次の作業（操作）の図形を並べて配置していきます。処理部分には「フローチャート：処理」の四角形を使っています。箇条書きに書き出した2つの操作の図形を配置して、最後に「終了」を並べると左のようになります❽。

▶STEP 2 図形を矢印でつなぐ

開始、終了や処理の図形が配置できたら、各図形を矢印線でつないで、1つの業務の処理の流れを表現していきます。

「挿入」タブの「図」→「図形」→「線」の中にある「線矢印」をクリックします❶。

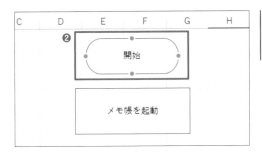

「線矢印」を選択してから、「開始」の図形にマウスカーソルを持っていくと上下左右に●（丸い玉）が表示されます❷。

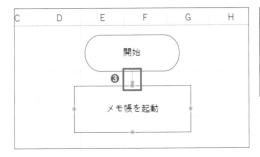

図形下の●をクリックしたまま下の「メモ帳を起動」の図形までドラッグすると、下側の図形の上にも●が表示されるので、図形上の●にドラッグすると、図形同士がつながった線を引くことができます❸。

同じ手順で、すべての図形を矢印線でつないでいきます。「開始」から「終了」まで、線がつながったら、フロー図の完成です❹。

3

日常業務の自動化の流れを掴む―作業を洗い出す・組み立てる・置き換える

今回はフロー図自体が簡単なこともあり、Excelを使った描き方を紹介しました。業務内容によっては、大きく複雑なフロー図になることもあります。そんなときには、フロー図を描く専用ツールもありますので、活用するとよいと思います。自分が使いやすく、見やすいフロー図を作成する方法を考えてみてください。

☕ Coffee break　手作業の業務フローから自動化に最適なフローを考える

この節で説明してきた、現在の業務を基に作成したフローを、「As-Isフロー」と呼びます。これは人の手で行っている手順（フロー）を図にしています。

そして、もう一歩、考え方を進めたフローとして「To-Beフロー」があります。意味としては、As-Isは「現状の姿」で、To-Beは「理想の姿」となるでしょうか。現状の業務の流れをそのまま自動化していくのではなく、最初からPower AutomateなどのRPAツールに最適化した流れに業務改善したのがTo-Beフローです。

最初のうちはAs-Isフローの通りにPower Automateでフローを作っていく形でかまいませんが、自動化に慣れてきたら最初からTo-Beフローをイメージしたり、書き出したりした上でフロー作成を進めていけるとよいと思います。

Power Automateで
フローを作る

3-1節で作成した業務フロー図を基に、実際にPower Automateを利用して自動化してみましょう。

フロー図を基に自動化を行う

作成したフロー図を確認しながら、Power Automateで自動化を進めましょう。ここで作成するフローは、Windowsのメモ帳を起動して、メモ帳に「あいうえお」と入力するフローです。簡単な操作ですが、自動で動くのを体感してください。

図　**自動化する業務フロー図**

STEP 1 新しいフローを作成する

Power Automateを起動して、「＋新しいフロー」をクリックします❶。

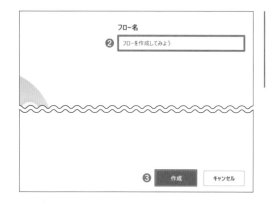

「フロー名」に「フローを作成してみよう」と入力し❷、「作成」ボタンをクリックします❸。
クリックするとフローデザイナーが開きます。

アプリケーションを起動するアクションを登録する

今回はWindowsに付属しているメモ帳を使用するので、メモ帳を起動する処理を作ってみましょう。アプリケーションの起動は、Power Automateに用意されている「アプリケーションの実行」アクションを使用します。

アクションを追加すると開く設定画面にある、「アプリケーションパス:」に実行するアプリケーションのパスを設定します。また、今回は指定はしませんが、「ウィンドウスタイル:」では、デフォルトの状態で開く設定や最大化して開く設定ができます。「アプリケーション起動後:」はこのアクションが実行された後、すぐに次のアクションを実行するのかアプリケーションが起動するまで待つのかを設定します。「コマンドライン引数:」は設定する場面が限定されますが、既定ではメモ帳で開いてしまうテキストファイルをVisual Studio Codeというアプリケーションで開きたい場合などに使用します。

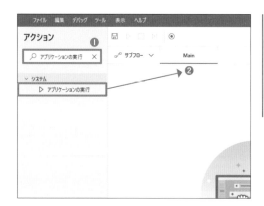

アクションの検索ボックスに「アプリケーションの実行」と入力し❶、アクションを検索します。
「アプリケーションの実行」アクションを、中央のワークスペースにドラッグ＆ドロップします❷。

「アプリケーションの実行」の設定画面が開くので、「アプリケーションパス:」項目に「notepad」と入力します❸。それ以外は規定値のまま、「保存」ボタンをクリックします❹。

MEMO「アプリケーションパス:」項目の設定では、右側の「ファイルの選択」アイコンをクリックして、アプリケーションを指定することもできます。

「アプリケーションの実行」アクションが、ワークスペースに登録されました❺。

3

日常業務の自動化の流れを掴む─作業を洗い出す・組み立てる・置き換える

Tips アプリケーションを起動できるコマンド

　ここで取り扱ったメモ帳（コマンドは「notepad」）のように、Windows に付属している特定のアプリケーションを起動するためのコマンドがいくつか存在します。Windows 付属ではないアプリケーションは、そのアプリのフルパスを指定します。例えば、Adobe Acrobat を起動させたい場合は、「C:\Program Files\Adobe\Acrobat DC\Acrobat\Acrobat.exe」といったように指定することで、起動の自動化ができます。Windows 上で入力する際は「\」（バックスラッシュ）は「¥」マークを使用します。

表 アプリケーションを起動するためのコマンド一例

コマンド	起動するアプリケーション
calc	電卓
notepad	メモ帳
explorer	エクスプローラー
mspaint	ペイント

STEP 3 テキストを入力するアクションを登録する

　メモ帳のどこにテキストを入力するのかという設定を行うため、手動でメモ帳を起動しておきます。次に、メモ帳の画面に入力する場所とテキストを設定していきます。

メモ帳と Power Automate を起動している状態です❶。
この状態で、テキスト入力を行うアクションを配置していきます。

アクションの検索ボックスに「ウィンドウ内のテキスト」と入力し、アクションを検索します❷。「ウィンドウ内のテキストフィールドに入力する」アクションをワークスペースの「アプリケーションの実行」アクションの下にドラッグ＆ドロップします❸。

設定画面が開いたら、「テキストボックス：」項目をクリックし❹、「UI要素の追加」ボタンをクリックします❺。

50

UI要素ピッカーが表示されます❻。この画面が出ている状態で、メモ帳などのUI操作の対象にマウスカーソルを合わせると、赤枠が表示されます。

> **MEMO** UI要素ピッカーは、5章以降のフローの作成で何度も出てきます。使いながら慣れていきましょう。

メモ帳の文字を書く場所にマウスカーソルを合わせると、「Document」のタイトルと赤枠が表示されます❼。この状態で Ctrl を押しながら左クリックします（Ctrl ＋ 左クリック）。
するとUI要素ピッカーの画面も閉じます。

3

日常業務の自動化の流れを掴む─作業を洗い出す・組み立てる・置き換える

メモ帳のタイトルバーにマウスカーソルを合わせると「Window」、メニューに合わせると「Menu Item」と、タイトルと赤枠が変わりますので、操作対象を間違えないように選択しましょう。

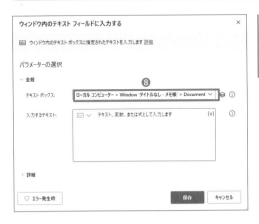

Ctrl ＋左クリックすると、UI 要素ピッカーが閉じて設定画面に戻り、「テキストボックス:」項目が設定されていることを確認してください⑧。

次に、「入力するテキスト:」項目に、自動入力するテキストを設定します。
ここでは、「あいうえお」と入力します⑨。
入力ができたら「保存」をクリックします⑩。

ワークスペースに2つ目のアクションが登録されました。これでフローの設定は完了です。2つのフローが順番に並んでいることを確認してください⑪。

「ウィンドウを閉じる」アクションは開いているウィンドウを閉じるアクションです。
3章で作成するフローには使用しませんが、アプリケーションの閉じ方に関しては、基本的には「終了」ボタンや「閉じる」ボタンのクリックなどで通常のアプリケーションと同様に終了させる方がよい場合が多いので使用する場面は考慮する必要があります。

3

日常業務の自動化の流れを掴む―作業を洗い出す・組み立てる・置き換える

作成したフローの確認

　作成したフロー図と、Power Automateのワークスペースのフローを見比べてみましょう。「メモ帳を起動」が「アプリケーションの実行」アクションに、「"あいうえお"と入力」が「ウィンドウ内のテキストフィールドに入力する」アクションにそれぞれ該当します。

図　フロー図とワークスペースのフローの対応

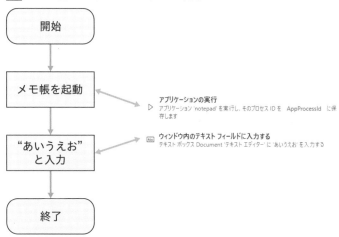

　今回は処理の数が少ないため、1つひとつの操作を図形で表現できました。しかし、実際の業務でクリックや文字入力の操作の1つひとつまで図形として表現しようとすると、膨大な図形を配置しなくてはいけなくなってしまいます。そのため、実際にフロー図を描く場合には、ある程度の手順のまとまりで図形を配置していきましょう。

最後に、Power Automateで作成したフローが問題なく動作するかを確認しましょう。起動していたメモ帳を終了してから実行します。

ワークスペースの上にあるツールバーの「実行」ボタンをクリックします❶。

メモ帳が自動的に起動して、「あいうえお」とテキストが入力されたら成功です❷。

STEP 2 フローを保存する

うまく動作したでしょうか。このフローを保存しておくならワークスペースの上にある「実行」ボタンの左隣の「保存」ボタンをクリックしてから、フローデザイナーを終了しましょう。

「保存」ボタンをクリックして、フローを保存します❶。

「ファイル」メニューの「終了」をクリックすると、フローデザイナーを終了することができます。

「ファイル」メニューをクリックし❷、「終了」をクリックして❸、フローデザイナーを閉じます。

MEMO タイトルバーの右端の「閉じる」ボタンで終了してもかまいません。

コンソール画面上にフローが保存されていることを確認しましょう❹。

3章のまとめ

3章では、簡単なフローの作成を通して、Power Automateでの業務の自動化の流れを一通り説明しました。業務の可視化や業務フロー図の描き方は、Power Automateでフローを作成する前の準備として大切な作業になるので、覚えておきましょう。

POINT 本章のまとめ

- 業務の流れを整理して、把握する方法
- フロー図の作成方法
- フロー図から Power Automate で自動化する方法
- アプリケーションの起動とテキスト入力の自動化

日常業務の自動化の流れを掴む―作業を洗い出す・組み立てる・置き換える 3

RPAなどのローコードツールが普及する未来

筆者には4歳の息子がいますが、生まれたときからスマートフォンが手元にある環境でした。今では、YouTubeで好きな動画を検索して見たり、ゲームを立ち上げて遊んだり、びっくりするくらい使いこなしています。

1990年代半ば〜2010年代初頭生まれの世代はZ世代と呼ばれ、すでにインターネットが普及していた時代に生まれています。また、2020年度から小学校でプログラミング教育が必修化されたことで、デジタル機器やインターネットを使いこなし、プログラミングまで行うことが当たり前の世代が、これから社会に出てきます。

Power Automateの無償提供をはじめ、テクノロジーは日々進化、普及しており、現代の若者は今までハードルが高かった最新テクノロジーを当然のように使いこなす世代です。

筆者は30代ですが、デジタルネイティブな世代が社会に出てきたときに、自分がその世代の可能性を十分に引き出すことができるのかと考えると、必ずしもできるとは言い切れないのが現状です。テクノロジーの普及がこれからも進んでいくことを考えると未来は明るいといえる一方、この流れに取り残されないように努力しなくてはと感じる日々です。

企業の経営層の方とお話をしていると「会社の社員全員がRPAを使いこなすのは不可能だ」「そんな教育に時間を割いている暇はない」という考えを伺うこともあります。しかし、数年後に社会に出てくる世代は、そういったツールを当たり前に使いこなして仕事をする世代であり、社員全員が当たり前のようにPower Automateなどのツールを使いこなす未来も近いのではと考えています。

第 4 章

迷ったときに便利な機能！
簡単な操作を
レコーダーで自動化する

この章では「レコーダー」というPower Automateの機能を用いて電卓の操作を自動化していきます。レコーダーは、自分のパソコン上の操作をPower Automateに覚えさせて自動化するという、最も簡単な自動化手法になります。難しい話はあまり出てきませんので、リラックスして臨んでください。

▶この章でわかること
- レコーダーの概要
- レコーダーを使用した自動化
- デスクトップアプリケーションの操作

レコーダーの概要と事前準備

4-1節では、Power Automateの基本の機能である、「レコーダー」の操作について解説します。

▶ レコーダーについて

Power Automateには数多くのアクションが用意されていますが、慣れていない場合など、どのアクションを利用すればよいのかわからないこともあります。

そんなときに便利な機能が**レコーダー**です。普段行っている業務を手順通りに行って、それをPower Automateで記録することで自動でアクションが登録でき、業務を自動化をしていくことができます。

▶ この章でやること

この章では、電卓アプリで簡単な計算を行う操作を記録して、フローを作成します。電卓アプリで、「10 + 25 = 」のボタン操作を行って、合計の計算をする操作です。箇条書きで書き出してみると、以下のようなボタン操作になります。

① 「1」ボタンをクリック

② 「0」ボタンをクリック

③ 「+」ボタンをクリック

④ 「2」ボタンをクリック

⑤ 「5」ボタンをクリック

⑥ 「=」ボタンをクリック

実行すると合計「35」が表示される簡単な操作です。この一連の動作を、いつも皆さんが操作するように手を動かすだけで、Power Automateがその

操作をアクションとして記録し、自動でフローを組み立ててくれます。

　5章からは、用意されているアクションを自分で登録する方法で業務の自動化を解説していますが、独自のアプリなどを使っていたり、使うアクションがわからない場合に、レコーダーをフローに挟み込むといった使い方をするとよいでしょう。Power Automateを使いこなす上で、とても便利な機能ですので、ぜひレコーダーの操作は覚えておきましょう。

フロー作成の事前準備

　レコーダーの操作をはじめる前に、新しいフローの立ち上げと電卓アプリの起動をしておきましょう。

STEP 1 新しいフローを作成する

　Power Automateを起動して、新しいフローの作成を行い、フローデザイナーを開きます。

Power Automateを起動したら、「＋新しいフロー」をクリックします❶。

「フロー名」に「レコーダーで自動化してみよう」と入力し❷、「作成」ボタンをクリックして❸、フローデザイナーを起動します。

今回は電卓アプリの操作を記録するので、電卓アプリを起動しておきます。

スタートメニューを開き①、検索ボックスに「電卓」と入力して②、電卓アプリを立ち上げます③。

MEMO 3-2節で行ったメモ帳の起動のようにアクションで起動できますが、ここではレコーダーの操作だけを紹介したいので、先に起動しておきます。

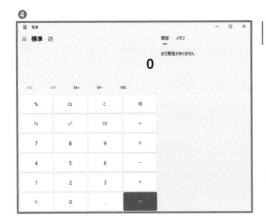

電卓アプリの画面が開きます④。

MEMO 左上の三本線のボタンをクリックし、電卓が標準電卓になっていることを確認します。

Power Automateで新規に作成したフローデザイナーを開き、電卓アプリを起動した状態にしたら、準備は完了です。電卓アプリで計算を行う操作を記録していきましょう。

レコーダーの操作

ここからは、Power Automateの画面でレコーダーの操作を説明します。

レコーダーでアクションを登録する

電卓アプリで計算する1つひとつの操作を、アクションとしてフローに登録していきます。

STEP1 レコーダーを開始する

操作の記録は、フローデザイナーのツールバーにある「レコーダー」ボタンから行います。

フローデザイナーのツールバーにある「レコーダー」ボタンをクリックします❶。

「レコーダー」という小さい画面が表示されたことを確認し、レコーダー画面の左上にある「記録」ボタンをクリックし❷、「一時停止」に変わったことを確認します❸。

> **MEMO** ボタンが「一時停止」の表示になっている状態が記録中ということになります。

　今回は「10＋25＝」の計算のボタン操作をレコーダーで記録します。レコーダーが記録している状態になっているときに、電卓アプリの上にマウスカーソルをもっていくと赤枠で各部分が囲われます。

マウスカーソルを電卓の「1」のボタンの上に合わせて、赤枠で囲われたらクリックします❶。同じ要領で「0」「＋」「2」「5」「＝」のボタンにマウスカーソルを合わせて、赤枠で囲われたら、連続して順にクリックします。

MEMO　「UI要素の取得(3-2節)のときは、赤枠で囲われた要素を Ctrl ＋左クリックで取得しましたがレコーダーの場合は、Ctrl を押す必要はありません。

レコーダー画面の「記録されたアクション」に、1つひとつの操作内容が記録されていくことを確認します❷。

MEMO　「ウィンドウ内のボタンを押す」アクションで、各ボタンが指定されていることを確認できます。

Tips「ウィンドウの UI 要素をクリック」アクション

「ウィンドウの UI 要素をクリック」アクションは、UI 要素をクリックするアクションです。「ウィンドウ内のボタンを押す」アクションと違い、ボタン以外にもリンクなどをクリックすることができます。また、「クリックの種類：」で左クリックや右クリック、ダブルクリックなどの設定ができるのも「ウィンドウ内のボタンを押す」アクションとの違いです。

レコーダーの「一時停止」ボタンをクリックします❸。「一時停止」ボタンが「記録」ボタンに変わります❹。この状態では電卓のボタンをクリックしても記録は行われません。

レコーダーの「完了」ボタンをクリックすると❺、「レコーダー」画面が閉じて、フローデザイナーに切り替わります。

4

　フローデザイナーを確認すると、記録したアクションがワークスペースに並んでいます。

図　フローデザイナーの記録したフロー

ワークスペースの1行目と8行目には「コメント」アクションが入り、2〜7行目に記録したアクションが並んでいることが確認できます。

　フローの2つめのアクションを見てみると、上にアクションの種類「ウィンドウ内のボタンを押す」、下に実際の操作内容「ボタン Button '1' を押す」と表示されていることがわかります。この1つのアクションで「Button '1'」を押下するという処理を行います。

　その下にも、1つひとつのボタン操作がアクションとして並んでいることがわかります。

図　レコーダーで追加したフローの内容

1	💬	**コメント** レコーダーを使用した自動生成アクションの開始
2	⊚	**ウィンドウ内のボタンを押す** ボタン Button '1' を押す
3	⊚	**ウィンドウ内のボタンを押す** ボタン Button '0' を押す
4	⊚	**ウィンドウ内のボタンを押す** ボタン Button 'プラス' を押す

　ここでは、電卓のボタン操作を連続して行いましたが、レコーダーでは1つひとつの操作が1つのアクションとして記録されていることを確認しましょう。

　これで、電卓で計算する操作の記録は終了です。

作成したフローを実行する

それでは、レコーダーを使って作成したフローを実行してみましょう。

レコーダーで作成したフローを実行して確認する

フローを実行する際は、記録の際に操作したものを初期状態にするようにしましょう。そのままフローを実行すると、フローが問題なく作成できていても、エラーになる可能性があります。

STEP 1 電卓を初期状態にする

今回の記録したフローには、電卓アプリの起動のアクションは登録していないので、電卓アプリは起動したままで実行してください。そして、実行前の下準備として、電卓アプリを初期状態に戻しておきます。

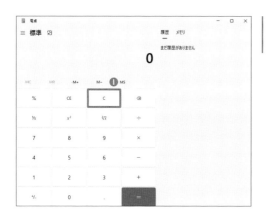

電卓アプリの「C」ボタンをクリックして❶、計算結果を0の初期状態にしておきます。

STEP 2 作成したフローを実行する

レコーダー機能を使って作成したフローを実行してみましょう。

フローデザイナー上部のツールバーにある「実行」ボタンをクリックします❶。

Power Automateが動き出し、記録した操作を行っていきます。電卓アプリでの入力が自動的に行われ、実行後は、上記のように「35」と計算結果が表示されているか確認しましょう❷。

　いかがでしたでしょうか。意外と簡単にできたのではないでしょうか。これでレコーダーでのフロー作成は完了です。

　アプリのちょっとした操作であれば、アクションを探して、設定を細かく行うよりも、レコーダーで記録するほうが早いこともあります。自動化の内容に合わせて、使ってみるとよいでしょう。

　最後にツールバーの「保存」ボタンをクリックして、このフローを保存します。フローデザイナーのウィンドウの「閉じる」ボタンをクリックして、Power Automateのコンソール画面に戻ると、「レコーダーで自動化してみよう」のフローが一覧に表示されます。

Excel から Web 業務システムへの入力業務を自動化する

この章では、いよいよ実務で最もよく使用するアプリケーション「Excel」を題材にした自動化に取り組んでいきます。

Excel ファイルにあるデータを業務システムにひたすらコピー＆ペーストで入力した経験がある方は、読者の方の中にも多くいらっしゃるのではないでしょうか。本章ではこのような繰り返しの業務を自動化していきます。

▶ この章でわかること

- 変数について
- Excel の起動と終了
- Excel ファイルのデータの取得
- ブラウザーの起動と終了
- Web ページへの文字入力とクリック
- Excel ファイルのデータの繰り返し処理
- Excel ファイルへの書き込み
- Web ページのデータの取得

本章の概要と事前準備

日常業務で「Microsoft Excel」を使用する場面は多くあるのではないでしょうか。5章では使用する場面の多いExcel作業の自動化を行います。Excelの操作を自動化できるようになることで、日常の業務で大いに役立つことがあるはずです。

Power Automateでフローの作成をはじめる前に、まずは5章で自動化する業務の内容を確認し、全体を把握しましょう。これから行うステップを踏むことで、普段行っている業務が整理され、スムーズに自動化を行うことができます。

実際の業務への活用

Excelの作業とはいっても、さまざまな操作が想像できるかと思います。ここでは、セルのデータをブラウザー上に書き込みし、ブラウザー上のデータをExcelファイルに書き込む"転記作業"の自動化フローを作成します。一連の流れを習得できると、Excel内のデータを繰り返し入力する作業や、Excel内にあるログインデータを用いてログインする作業の自動化などを行うことができるようになります。

本章で行うExcelの自動化の内容は、たとえば、営業の場合に新規エリア展開の準備で膨大な営業リストの情報をシステムに登録する、といった作業に活用できます。また、経理では、週一、月一でそれぞれ業績報告書を提出するといった、手間がかかる上に作業頻度が高い業務は多いかと思います。基幹システムから業績データを抽出、必要なデータを加工して業績報告書を作成といった作業を自動化する際に、本章の内容が参考になります。

この章で自動化する業務の概要

5章からは実際の業務に近いフローを作成していきます。はじめに、ログイン情報が記載された「設定情報.xlsx」ファイルから情報を取得し、その情報を使ってWeb上にある学習サイトにログインします。

図 **設定情報.xlsx**

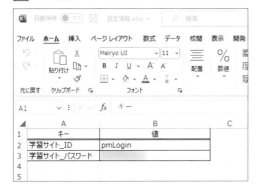

図 **学習サイト（https://robo-runner.net/）**

　ログインしたら、取引先情報の記載された「取引先登録データ.xlsx」から取引先情報を取得し、その情報を学習サイトへ入力します。学習サイトへ取引先情報を登録するとポップアップ画面が出てくるので、そこに表示される取引先IDを取得し、「取引先登録データ.xlsx」へ入力してポップアップ画面を閉じます。この操作を取引先の分だけ繰り返し行います。「取引先登録データ.xlsx」のA列からF列は入力するデータとして取得し、取引先IDをG列に入力します。

図 **取引先登録データ.xlsx**

本章で使うExcelファイルやWeb業務システム（学習サイト）は本書オリジナルのものを使いますので、P.xiiを参考にサンプルデータをダウンロードして、デスクトップに展開した各章のフォルダーを保存しておきましょう。

5章で自動化する一連の業務を簡単にまとめると以下のようになります。実際にご自身の業務を自動化する前には、概要を書くところからはじめるとよいです。

表 この章で自動化する業務の概要

業務名	ExcelからWeb業務システムに入力
業務概要	Excelにログイン情報が記載されているので、そのログイン情報を使用してWeb業務システムへログイン。取引先情報のExcelファイルからWeb業務システムへ転記し、取引先IDをExcelへ転記する業務。

この章でやる業務の流れ

Excelファイルの情報をWeb業務システムに入力する一連の業務をより細かく作業ごとに分け、順番に並べると以下のようになります。

図 業務の流れ

1	Excelファイルを開き、ログインID、パスワードを取得する
2	Chromeで学習サイトを開く
3	学習サイトへログインする
4	取引先登録画面を開く
5	取引先情報のExcelファイルを開く
6	登録する取引先情報を取得する
7	取引先情報のExcelファイルを閉じる
8	学習サイトに取引先情報を登録する
9	学習サイトから取引先IDを取得する
10	未登録の取引先情報がある限り8から9を繰り返す
11	学習サイトを閉じる
12	取引先情報のExcelファイルを開く
13	取引先IDをExcelファイルに転記する
14	取引先情報のExcelファイルを保存して閉じる

▶▶ フロー図

　この業務の流れをフロー図にすると、以下のようになります。ポイントは、繰り返し処理があるということです。この流れを参考に、Power Automateでフローを作成していきます。

図　この章で自動化する業務のフロー図

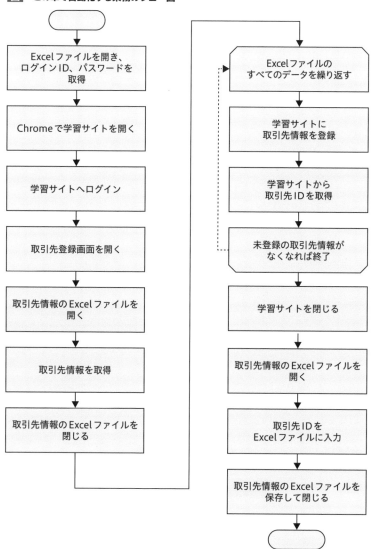

業務は改めて考えてみると、数多くのマウスクリックやキーボード操作などの人による操作から成り立っています。はじめて自動化に挑戦する方は、普段行っているご自身の業務を分解して組み立て直す作業が最初は難しいと感じるかもしれませんが、はじめからすべての流れを自動化しようとするのではなく、簡単な業務や全体のフローの一部の自動化を行って慣れていきましょう。

▶ 新しいフローの作成

それでは、Power Automateでの操作をはじめましょう。まずは、ExcelからWeb業務システムに入力するフロー用に新しいフローを作成します。

▶STEP 1 新しいフローを作成する

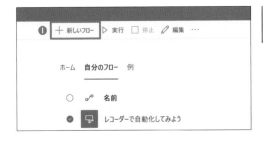

Power Automateを起動して、「＋新しいフロー」をクリックします❶。

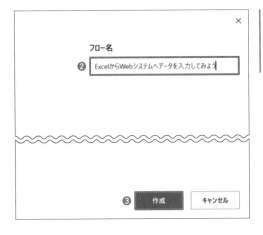

フロー名に「ExcelからWebシステムへデータを入力してみよう」と入力し❷、「作成」ボタンをクリックして❸、フローデザイナーを開きます。

🗒 **MEMO** 新しいフローを作成後、アクションが何も追加されていないままフローデザイナーを閉じてしまうと、作成したフローがなくなってしまうので、新規作成したらアクションを追加するか、「保存」ボタンをクリックしてからフローデザイナーを閉じるようにしましょう。

5-2 Excelファイルを開く

　Excelファイルを操作する場合は、はじめにExcelを起動させます。ここでは、Web業務システムにログインするためのログイン情報を取得したいので、Excelを起動し、ダウンロードしたサンプルデータの「5章」フォルダーにある「設定情報.xlsx」を開くフローを作成します。

▶ Excelファイルの確認

　フローデザイナーは開いたままで、まずは「設定情報.xlsx」というExcelファイルを開きましょう。そしてExcelファイル内に「学習サイト_ID」と「学習サイト_パスワード」という情報があることを確認しましょう。

図 **設定情報.xlsx**

　確認できたら、ExcelファイルからIDとパスワードを取得する処理を作成していきます。

▶ Excelを起動して既存のファイルを開く

　Power Automateに戻って、Excelを起動するアクションを登録します。Excelファイルの操作を行う場合は、そのアクションの前に「Excelの起動」アクションを追加する必要があることを覚えておきましょう。

「Excelの起動」アクションをドラッグ＆ドロップする

フローデザイナーのアクションの検索ボックスに「Excel」と入力し、アクションを検索します❶。
「Excelの起動」アクションをワークスペースにドラッグ＆ドロップします❷。

「Excelの起動:」を設定する

「Excelの起動:」項目の「空のドキュメントを使用」と書かれた部分をクリックし❶、「次のドキュメントを開く」を選択します❷。

MEMO ここでは、開くファイルが新規なのか既存なのかを設定します。

「ドキュメントパス:」を設定する

「ドキュメントパス:」項目の「ファイルの選択」アイコンをクリックします❶。

MEMO 「ファイルの選択」アイコンをクリックすると、エクスプローラーが開きます。

ダウンロードしておいた「設定情報.xlsx」を選択し❷、「開く」ボタンをクリックします❸。

「ドキュメントパス:」項目にファイルが設定されていることを確認します❹。
「保存」ボタンをクリックします❺。

> **MEMO** 「生成された変数」に「ExcelInsrance」と表示されます。変数については、5-6 節で解説します。

> **MEMO** 「生成された変数」に既定で設定されている「ExcelInstance」には、開いた Excel の情報が入っています。この変数を使用することでアクションでは、どの Excel ファイルに対してアクションの内容の操作を行えばよいのかを判断できるようになります。複数の Excel ファイル（ブック）を起動した場合、「ExcelInstance2」「ExcelInstance3」のように自動的に番号が振られ一意の名前が設定されるようになっています。

　これで Excel が起動し、「設定情報.xlsx」が開くところまでのフローができました。

> **POINT** Excel ファイルの操作には「Excel の起動」アクションが必要
>
> Excel ファイルを操作するアクションを使う場合は、そのアクションより前に「Excel の起動」アクションを忘れずに登録しましょう。

Excelファイルから
データを取得する

Excelファイルからデータを取得するフローを作成します。ここでは前節でExcelの起動時に開くように指定した「設定情報.xlsx」から取得します。

Excelファイルからログイン情報を取得する

それでは、「設定情報.xlsx」にあるログインIDやパスワードを取得する処理を追加していきます。Excelファイルにあるデータを読み取るという操作は業務でよく発生する操作なので、設定の仕方をよく理解しましょう。

STEP 1 IDを取得するため「Excelワークシートから読み取る」アクションをドラッグ＆ドロップする

学習サイトへログインするためのID情報をExcelファイルから取得するアクションを登録します。

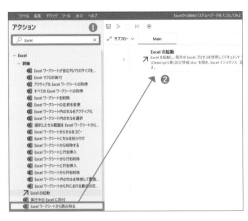

アクションの検索ボックスで「Excel」と入力して検索します❶。
「Excelワークシートから読み取る」アクションをワークスペースの「Excelの起動」アクションの下にドラッグ＆ドロップします❷。

「Excelワークシートから読み取る」アクションをワークスペースに追加すると、「パラメーターの選択」画面が表示されます。その画面で、「先頭列:」「先頭行:」「生成された変数」を設定していきます。

STEP 2 「先頭列:」と「先頭行:」を設定する

「Excel インスタンス:」の「%ExcelInstance%」、「取得:」の「単一セルの値」
と書かれている部分はそのままで、先頭列と先頭行を設定します。「学習サイト
_ID」の値を取得するため、「先頭列:」に「2」、「先頭行:」にも「2」と入力します。

「先頭列:」項目に「2」と入力
し❶、「先頭行:」項目にも
「2」と入力します❷。

📱 MEMO　「設定情報.xlsx」の
B2 セルのデータを取得するため
左から2列目、上から2行目と
設定します。

👆 POINT 「先頭列 :」と「先頭行 :」

「先頭列 :」は取得するセルが左から何列目か、「先頭行 :」は取得するセルが上か
ら何行目かを設定する項目です。
以下の図の学習サイト ID を取得したい場合は、ID のデータ（値）は B2 セルに
あるため「先頭列 :」を「2」、「先頭行 :」を「2」と設定します。

図　**設定情報.xlsx**

次に「Excel ワークシートから読み取る」の設定画面の一番下の項目、「生成された変数」を編集します。この項目は取得したセルのデータ（値）にラベル（変数）をつけるものです。変数については5-6節で詳しく解説します。

「生成された変数」の「%Exce lData%」をクリックします ❶。

MEMO 変数をクリックすると選択状態になり、編集ができるようになります。

🖐 POINT 変数は半角英数字で設定する

変数の名前は漢字やひらがな・カタカナは入力できないので必ず半角英数字で入力するようにしましょう。

「LoginID」と入力し、 Enter で確定します❷。
入力したら、「保存」ボタンをクリックします❸。

MEMO 変数「LoginID」は、指定したサイトIDのセルのデータ（値）を格納した変数になります。

STEP 4 パスワードを取得するため「Excel ワークシートから読み取る」アクションをドラッグ＆ドロップする

　同じ要領で次は「学習サイト_パスワード」の値を取得するアクションを追加します。

同じように、「Excel ワークシートから読み取る」アクションを、先ほど登録した「Excel ワークシートから読み取る」アクションの下にドラッグ＆ドロップします❶。

STEP 5 「先頭列:」「先頭行:」「生成された変数」を設定する

　パスワードの情報があるB3セルを指定するので「先頭列:」は「2」、「先頭行:」は「3」と設定します。

「先頭列:」項目を「2」❶「先頭行:」項目を「3」と設定します❷。
そして、「生成された変数」の名前を「LoginPassword」と設定し❸、「保存」ボタンをクリックします❹。

MEMO 変数「LoginPassword」は、指定したパスワードのセルのデータ（値）を格納した変数になります。

これで、ログインに必要なログインIDとパスワード情報の取得のフローができました。フローデザイナーの右側のフロー変数に「ExcelInstance」「LoginID」「LoginPassword」の3つが表示されていれば設定完了です。

Tips　パスワードを取り扱うときの注意点

パスワードはフローに直接書き込むのではなく、今回作っているフローのように、Excelなどのファイルに持たせるようにしましょう。Excelファイルに持たせる場合も保存方法など、セキュリティには注意してください。

また、パスワードなど機密性の高い情報を変数として取り扱う際にも注意が必要です。変数として扱う場合、フローデザイナーの右側にあるフロー変数に表示された「LoginPassword」の右端にカーソルを合わせると、画像のような帽子とメガネのアイコンが出てきます。この「機密情報としてマーク」アイコンをクリックすれば、フローを動かしたときにログインパスワードが表示されない状態で操作を行うことができます。パスワードは直接フロー内に書き込まない、変数として取り扱う際も注意することを意識しましょう。

図　「機密情報としてマーク」アイコン

∨　フロー変数　3		▽
(x) ExcelInstance		
(x) LoginID		
📌　(x) LoginPassword		🔍　⋮

5-4 Excel ファイルを閉じる

「設定情報.xlsx」を閉じる操作をフローに登録します。フローを作るとき、Excel を閉じる操作を忘れやすいので、Excel を開くアクションを登録するタイミングで、Excel を閉じるアクションも先に登録しておくとよいです。

▶ Excel ファイルを保存せずに終了する

Excel を終了するアクションを登録します。

STEP 1 「Excel を閉じる」アクションをドラッグ＆ドロップする

アクションの一覧から「Excel を閉じる」アクションをワークスペースの一番下にドラッグ＆ドロップします❶。

STEP 2 「Excel を閉じる前：」の処理を設定する

開いた設定画面で、「Excel を閉じる前：」項目を「ドキュメントを保存しない」に設定し❶、「保存」ボタンをクリックします❷。

ファイルを更新していない場合はドキュメントの保存はしない

今回は、Excel ファイルから ID、パスワードの情報を取得して変数に格納した
だけで、Excel ファイル自体は更新をしていないため、「Excel を閉じる前 :」
は「ドキュメントを保存しない」を選択しましょう。

ここまでで、以下の図のようなフローになっているか確認しましょう。

図 Excelを終了するところまでのフロー

起動と終了はワンセットで登録する

「Excel を使用する」「ブラウザを使用する」「アプリを使用する」といった操作は、
それぞれ起動と終了がワンセットになります。フローの作り方には個性が出ま
すが、慣れないうちは起動するアクションを入れたら終了するアクションを入
れるという癖をつけておくとよいかもしれません。特にローカルフォルダでは
なく、共有フォルダに保存されているファイルを開きっぱなしにしておくと、
他の人が操作できなくなってしまうので注意が必要です。

5-5 ブラウザーでWebページを開く

　次に、ブラウザーでWeb業務システム（学習サイト）を開くフローを作成します。ブラウザーを使う場合は、ブラウザーの種類ごとに事前に拡張機能を有効化しておく必要があります。今回使用するブラウザーはChromeなので、P.241を参考にブラウザーの拡張機能を有効化しておきましょう。

ブラウザーを起動して開きたいWebページを設定する

　Chromeの拡張機能の有効化をしたら、ブラウザーを起動するアクションを登録しましょう。

STEP 1 「新しいChromeを起動する」アクションをドラッグ＆ドロップする

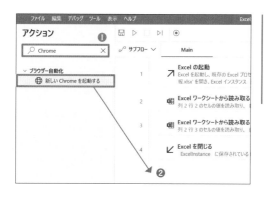

アクションの検索ボックスに「Chrome」と入力し、アクションを検索します❶。
「新しいChromeを起動する」アクションをワークスペースの一番下にドラッグ＆ドロップします❷。

「起動モード:」「初期URL:」「ウィンドウの状態:」を設定する

新しくブラウザーを起動するため、「起動モード:」を「新しいインスタンス[※1]を起動する」に設定します。「初期URL:」には開きたいURLである学習サイトのURLを入力し、「ウィンドウの状態:」を「最大化」に設定します。

「起動モード:」項目は「新しいインスタンスを起動する」を選択❶、「初期URL:」項目には学習サイトのURL「https://robo-runner.net/」を入力❷、「ウィンドウの状態:」項目は「最大化」を選択します❸。

STEP 3 キャッシュとCookieを設定する

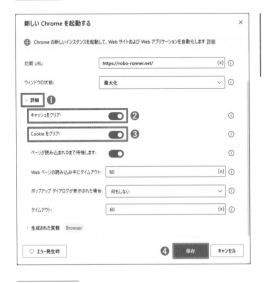

「詳細」を開いて❶、「キャッシュをクリア:」❷、「Cookieをクリア:」を有効にして❸、「保存」ボタンをクリックします❹。

※1▶インスタンスとは、実体のことをいいます。Power Automateでは、ブラウザーを使用する際に実際のブラウザーを使用するので「新しいインスタンスを起動する」場合には新しくブラウザを生成して操作します。

84

　これでブラウザーを起動して、学習サイトのログインページを開くところまで作成ができました。

　ここまで作成したフローは以下の図のようになっています。

図　ブラウザーにログインページを表示するまでのフロー

　次の節では、学習サイトへログインを行う処理を作っていきます。

> **MEMO** Power Automate のレコーダー機能を使うときや、ブラウザーでの操作の自動化を行うときに、サブディスプレイで作成や実行を行うとエラーになる可能性があります。普段、メインディスプレイの他にサブディスプレイを使用している場合、Power Automate での自動化フローの作成時と実行時は、メインディスプレイで行うようにしてください。

Webシステムへログインする

　学習サイトへのログインには、指定の場所へログイン情報を入力したり、ログインボタンをクリックしたりとWebページ上の操作があります。そういったWebページ上で操作する際に、Webページ上のどこを操作するのかを指定するための設定を行います。

　Web業務システムへログインするフローの作り方がわかると、自動化できる業務の幅が広がるので、本節の内容はマスターしましょう。

変数とは

　5-3節で、ExcelファイルからIDやパスワードを取得し、"**変数**"として格納しました。変数とは、「データを保存しておくための箱」のようなものです。たとえば、ExcelファイルのIDを変更したら、フローを実行すると変数「LoginID」に格納したIDも変更され、そのIDを使ってフローが実行されます。

　本節ではこの変数の「LoginID」を使いますが、IDが変更になっても、ここで設定する変数LoginIDの指定は変更する必要がありません。データを入力する設定項目で、変数を指定するときには、次の図のように「%」で囲んだものが変数名になります。

図　変数の例

```
┌─┐  ∨   テキスト、変数、または式として入力します  {x}
└─┘
%LoginID%



```

　変数にデータを入れる方法は、5-3節で行ったExcelから取得する方法や6-7節の「変数の設定」アクション、8-2節の「特別なフォルダーを取得」アクションなどたくさんあります。

　アクションを設定する際に、「生成された変数」の項目があるかを見てみる

と、そのアクションが変数にデータを格納するのか確認することができます。強く意識する必要はありませんが、この後フローの作成を続けていくなかで見ていくとよいでしょう。

図　アクションの設定時に表示される「生成された変数」

新しい Chrome を起動する　　　　　　　　　　　　　×

🌐 Chrome の新しいインスタンスを起動して、Web サイトおよび Web アプリケーションを自動化します 詳細

パラメーターの選択

起動モード:	新しいインスタンスを起動する	∨	ⓘ
初期 URL:	https://robo-runner.net/	{x}	ⓘ
ウィンドウの状態:	最大化	∨	ⓘ

> 詳細

> 生成された変数　Browser

♡ エラー発生時　　　　　　　　　　　　　**保存**　キャンセル

Power Automateではフローを実行した後に、フローデザイナーの右側に表示される「フロー変数」で変数に格納された実際の値が確認できます。

図　フロー実行後のフロー変数の表示

| ∨　フロー変数　10 | | ▽ |
| (x) AttributeValue　14820 |
| (x) Browser　WebBrowser Instance |
| (x) CurrentItem　7 列 (会社名: 株式会社 ロ... |
| (x) ExcelData　4 行, 7 列 |
| (x) ExcelInstance　Excel インスタンス |

UI要素を取得する

Webページ上で入力やクリックを行う場合、その入力欄やボタンをUI要素としてPower Automateに記録します。

本節では、そのUI要素の登録を行います。まず事前準備として、今から

UI要素を追加するWebページを開いておきます。前節で起動設定した
Chromeブラウザーで、「初期URL:」に設定したログインページを開いておき
ます。

📑 学習サイトのログインページ

URL：https://robo-runner.net/

🖼 **ここで取得するUI要素**

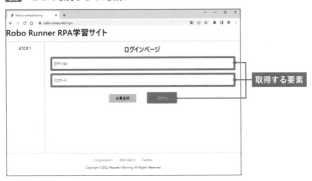

⚟ **MEMO** UI要素を取得する際は、サブディスプレイではなくメインディスプレイで行いましょう。

▶ **STEP 1** 3つのUI要素を取得する

フローデザイナーの右側上の「{x}」のアイコンがあるところにカーソルを合
わせると、上から「変数」「UI要素」「画像」と表示されます。この中で2番目の
アイコン、「UI要素」をクリックしましょう。

「UI要素」をクリックします
❶。

「UI要素の追加」ボタンをクリックします②。

「UI要素の追加」ボタンをクリックすると、3章でも出てきたUI要素ピッカー画面が表示されます。Chromeブラウザーの画面で、赤枠で示される要素に注意しながら、ログインIDの入力欄、パスワードの入力欄、「ログイン」ボタンをUI要素として追加していきます。

学習サイトのログインIDの入力欄に赤枠を合わせ、Ctrlを押しながらクリックします③。

MEMO　UI要素ピッカーに「Input text 'loginId'」と表示されたら正常に取得できている証拠です。

続けて同じ要領で、パスワード入力欄をUI要素に追加します。

パスワード入力欄を赤枠で囲った状態で、Ctrlを押しながらクリックします④。

MEMO　UI要素ピッカーに「Input password 'passWord'」と表示されたことを確認しましょう。

そして、「ログイン」ボタンの要素を取得します。

5

Excelから Web業務システムへの入力業務を自動化する

「ログイン」ボタンを赤枠で囲った状態で、Ctrl を押しながらクリックします❺。

MEMO UI要素ピッカーに「Button 'btn btn-success'」と表示されたことを確認しましょう。

次の図のようにUI要素ピッカーに3つのUI要素が追加され、要素が取得できたら完了です。

UI要素ピッカーに「Input text 'loginId'」「Input password 'passWord'」「Button 'btn btn-success'」と表示されていることを確認し❻、「完了」ボタンをクリックします❼。

POINT UI 要素は一度登録すればフロー内で共有できる

1つのUI要素に対してクリックや入力など何度も操作を行うフローを作成する場合、フロー内であればそのUI要素は1度取得すれば、アクションの設定時に共有できます。

▶ Webページにテキストを入力する

取得したUI要素を使って、ログインIDとパスワードを入力する処理を作成します。

STEP 1 ログインIDを入力するため「Webページ内のテキストフィールドに入力する」アクションをドラッグ＆ドロップする

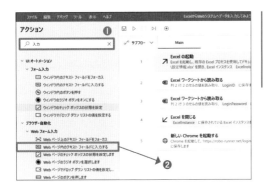

アクションの検索ボックスに「入力」と入力し❶、「Webページ内のテキストフィールドに入力する」アクションをワークスペースの一番下にドラッグ＆ドロップします❷。

　アクションをドラッグ＆ドロップすると、「Webページ内のテキストフィールドに入力する」の設定画面が表示されます。

STEP 2 「UI要素：」「テキスト：」を設定する

「Webブラウザーインスタンス：」項目は変更せず、「UI要素：」項目をクリックし❶、開いた一覧から、「Input text 'loginId'」をクリックして❷、「選択」ボタンをクリックします❸。

　「テキスト：」には、Excelから取得した変数「LoginID」を使用します。

「テキスト:」項目の「{x}」をク
リックします❹。
開いた一覧から「LoginID」をク
リックし❺、「選択」ボタンを
クリックします❻。

「テキスト:」項目に「%LoginID%」
と変数が指定されているのを
確認したら❼、「保存」ボタ
ンをクリックします❽。

STEP 3 パスワードを入力するため「Web ページ内のテキスト
フィールドに入力する」アクションをドラッグ＆ドロップする

次にパスワードを入力する処理を作成します。

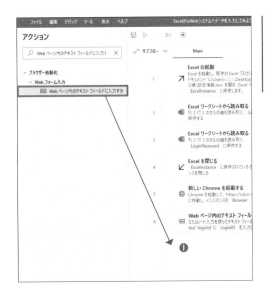

STEP2 と同じように「Web
ページ内のテキストフィール
ドに入力する」アクションを
ドラッグ＆ドロップし、ワー
クスペースの一番下に配置し
ます❶。

「Web ブラウザーインスタン
ス:」項目は変更せず、「UI 要
素:」項目をクリックし❷、
一覧から「Input password
'passWord'」をクリックして
❸、「選択」ボタンをクリッ
クします❹。

「テキスト:」項目の「{x}」をクリックし❺、一覧から「Login Password」をクリックして❻、「選択」ボタンをクリックします❼。

「テキスト:」項目に変数「%LoginPassword%」と入力されていることを確認し❽、「保存」ボタンをクリックします❾。

▶ Webページ上のボタンをクリックする

次に「ログイン」ボタンをクリックするアクションを登録します。こちらも業務の自動化フローを作成する場合によく出てくる操作なので覚えておきましょう。

STEP 1 「Webページのリンクをクリック」アクションをドラッグ ＆ドロップする

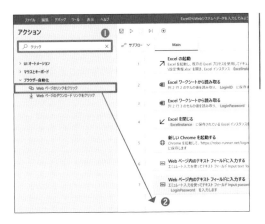

アクションの検索ボックスに「クリック」と入力し❶、「Webページのリンクをクリック」アクションをワークスペースの一番下にドラッグ＆ドロップします❷。

STEP 2 「UI要素：」を設定する

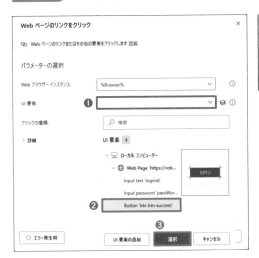

「Webブラウザーインスタンス：」項目は変更せず、「UI要素：」項目をクリックし❶、一覧から「Button 'btn btn-success'」を選択し❷、「選択」ボタンをクリックします❸。

「クリックの種類:」項目は「左クリック」のままで、「保存」ボタンをクリックします❸。

　ここまでで学習サイトにログインするまでのフローが作成できました。以下の図とフローの内容が同じになっているか確認しましょう。

図　5章のここまでのワークスペース

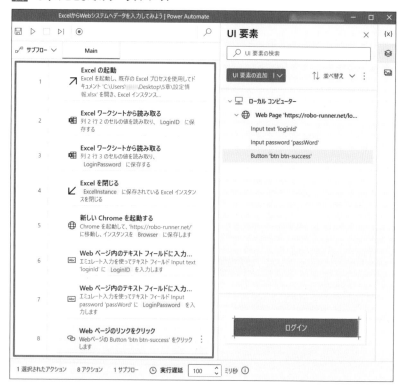

　それでは、ここまでに作成したフローが問題ないかを実行して確認してみ
ましょう。Webシステムのブラウザー画面を閉じた上で、ワークスペース上
のツールバーの「実行」ボタンをクリックします。

　Excelが起動してIDとパスワードを変数として読み取り、Excelを閉じて
からChromeブラウザーでログイン画面を開いて、学習サイトにログインす
るフローが、最後までエラーなく実行できれば問題ありません。

図　**学習サイトにログイン後の画面**

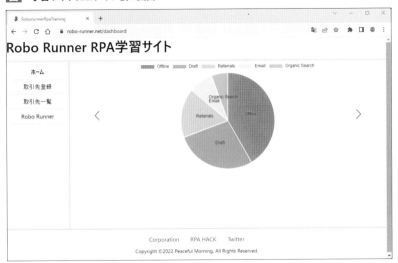

Tips 「ウィンドウのUI要素をクリック」アクション

5-6節では、Webページ上のボタンをクリックする操作に「Webページのリンクをク
リック」アクションを使用しましたが、同じような操作を自動化する際に使えるものと
して、「ウィンドウのUI要素をクリック」アクションがあります。このアクションは
Webページ上ではない要素に対してもクリック操作ができます。また、4章で出てきた
「ウィンドウ内のボタンを押します」アクションとの違いは、ボタン以外にもリンクなど
をクリックすることができ、「クリックの種類：」で左クリックや右クリック、ダブルク
リックなどの設定もできる点です。

Webページのリンクを
クリックする

学習サイトへログインするフローまで作成できたら、学習サイトの取引先登録のページへ移動するフローを作ります。

Robo Runner RPA学習サイトのトップページにある「取引先登録」をクリックするところからはじめましょう。

▶ UI要素を取得する

Webサイトの別のページへ移動する場合は、ログイン時と同様にWebページ上のクリック操作のアクションを使います。まずは、ログイン後のブラウザー画面でUI要素を追加するため、学習サイトにログインしていない場合はログインしたChromeブラウザーの画面を表示しておきましょう。

図　**学習サイトにログイン後の画面を表示しておく**

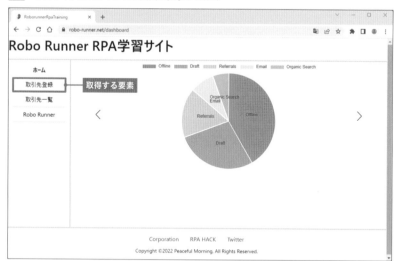

STEP 1 「Webページのリンクをクリック」アクションをドラッグ
＆ドロップする

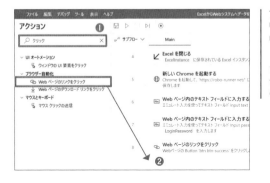

アクションの検索ボックスに
「クリック」と入力し❶、
「Webページのリンクをク
リック」アクションを、ワー
クスペースの一番下にドラッ
グ＆ドロップで配置します
❷。

STEP 2 「UI要素:」を取得する

5-6節ではフローデザイナーの右側の「UI要素」からUI要素を取得しましたが、
今回は、アクションを追加する過程でUI要素を取得します。

開いた設定画面の「UI要素:」
項目をクリックし❶、「UI要
素の追加」ボタンをクリック
します❷。

　UI要素ピッカーが開いたら、Robo Runner RPA学習サイトを表示したブラ
ウザー画面の、「取引先登録」にカーソルを合わせて赤枠で囲われた状態で Ctrl
を押しながらクリックします。

マウスカーソルを「取引先登録」に合わせて、赤枠で囲った状態にして、Ctrl を押しながらクリックします❸。

MEMO UI要素が取得できると、自動でUI要素ピッカーは閉じます。

UI要素ピッカーが閉じたら、UI要素が指定された状態になっていることを確認してください。

「UI要素:」項目に設定されたことを確認して❹、「保存」ボタンをクリックします❺。

MEMO 「クリックの種類:」項目が「左クリック」になっていることを確認しておきましょう。

これで「取引先登録」リンクをクリックして、取引先登録の画面をブラウザーに表示するところまで作成できました。

> **Tips** 「Webページに移動」アクション
>
> 「Webページに移動」アクションは特定のURLに移動、進む、戻る、ブラウザーを更新することができるアクションです。特に特定のURLに移動する機能はエラーが起きにくいフローを作るうえでは重要になります。PRAで多いエラーの原因の1つにクリックしたい場所がクリックできなかったなどがあります。ページを移動する際にどこかをクリックして移動しているのであれば、このアクションを使用することでクリックの処理が1つ減るのでエラーが発生する可能性を少し抑えることができるようになります。

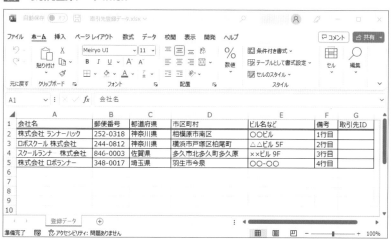

5-8 Excelファイルから データを一括取得する

次はExcelの取引先情報を取得する処理を作成します。フロー作成の基本的な流れは5-3節と同じです。ポイントは、今回の操作はデータを"一括で"取得するというところです。

Excelファイルからデータを一括取得する

ここで使用するExcelファイルは会社名やその会社の情報が入った「取引先登録データ.xlsx」です。1行に会社名とその会社の連絡先情報などが記載されています。このデータを一括で取得するフローを作成していきます。

図 取引先登録データ.xlsx

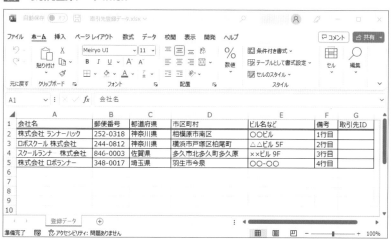

MEMO Excelファイルのデータを一括で取得するので、取得した際にG列も含まれますが、G列はWebへ入力するデータではなく、後で取得したIDを入力する為の列なので、ここでは関係のないデータです。

サンプルファイルの「取引先登録データ.xlsx」を開き、データを取得し、Excelを終了する、というフローを作成します。

「Excelの起動」アクションを
ワークスペースの一番下にド
ラッグ＆ドロップします❶。

開いた設定画面の「Excelの
起動：」項目は、「次のドキュ
メントを開く」を選択します
❷。
「ドキュメントパス：」項目の
「ファイルの選択」アイコンを
クリックします❸。

　「ファイルの選択」画面が表示されたら、ダウンロードしたサンプルデータ内
の「5章」フォルダーにある「取引先登録データ.xlsx」を選択します。

「5章」フォルダーにある「取
引先登録データ.xlsx」を選択
し❹、「開く」ボタンをクリッ
クします❺。

「生成された変数」の設定は不要なので、そのままの状態で「保存」ボタンをクリックします❻。

MEMO　「生成された変数」の「ExcelInstance2」については、P.104 の POINT を参照してください。

STEP 2 「Excel ワークシートから読み取る」アクションを登録する

次に起動した Excel ファイルから取引先登録に必要なデータを読み取るアクションを追加します。

「Excel ワークシートから読み取る」アクションをワークスペースの一番下にドラッグ＆ドロップします❶。

開いた設定画面で、「Excelインス
タンス：」項目の「∨」をクリックし❷、
一覧から「%ExcelInstance2%」
をクリックします❸。

「Excelインスタンス：」項目で選択した変数の「%ExcelInstance2%」は、先
ほど指定した「取引先登録データ.xlsx」のことです。「2」というのは、このフ
ローで先に登録しているExcelファイル「設定情報.xlsx」と区別するためのも
のです。このフローにおける「%ExcelInstance%」は「設定情報.xlsx」を指
します。

「取得：」項目の「∨」をクリッ
クして❹、「ワークシートに
含まれる使用可能なすべての
値」を選択します❺。

「詳細」を開き❻、詳細の中の「範囲の最初の行に列名が含まれています:」をクリックして有効にします❼。設定したら「保存」ボタンをクリックします❽。

MEMO 「生成された変数」の変数「ExcelData」に、「取引先登録データ.xlsx」から取得した値が格納されます。

Tips 取得するワークシート内のデータの詳細設定

「取得:」項目で「ワークシートに含まれる使用可能なすべての値」とは、ワークシートのデータをすべて取得するという設定です。

また、ワークシートの 1 行目が列名（ここでいう会社名や郵便番号など）の場合、「詳細」で「範囲の最初の行に列名が含まれています:」を有効にします。

図 「ワークシートに含まれる使用可能なすべての値」の範囲イメージ

図 「範囲の最初の行に列名が含まれています:」で設定される列名の行

　これでExcelのワークシートの全データを取得する設定ができたので、Excelを閉じるアクションをフローに登録しましょう。

「Excelを閉じる」アクションをワークスペースの一番下にドラッグ＆ドロップします❶。

「Excelインスタンス：」項目から「%ExcelInstance2%」を選択し❷、「保存」ボタンをクリックします❸。

　ここまでできたら、一度実行をしてみましょう。ツールバーの「実行」ボタンをクリックして、フローが終わったときに、Chromeブラウザーが学習サイトの取引先登録画面になっていれば大丈夫です。

　そして、Power Automate側は、画面右下のフロー変数の「ExcelData」のところにデータが入っていることが確認できたら、ここまでのフローがうまく行われている状態です。今回の「取引先登録データ.xlsx」であれば、「4行，7列」というように取得した2行目から5行目までのデータ分が表示されているはずです。

　また、エラーが出ていないことも確認しましょう。

図 フロー実行後のフローデザイナーの「フロー変数」画面

POINT ワークシートにあるデータを一括で取得する場合は取得範囲に注意する

「Excel ワークシートから読み取る」アクションで「取得:」に「ワークシートに含まれる使用可能なすべての値」を設定しデータを取得した場合、意図しない値が取れてしまうことがあります。なんらかの原因でセルに空白スペースが入っていたり、書式設定がされていると、Excel はそのセルにも値が入っているという認識をして、実際には取らなくてよい場所まで値を取りに行こうとしてしまいます。実際に使用する Excel の A1 セルをアクティブ化し、[Ctrl] + [End] のショートカットを押すと実際にどこまで使用しているのかを確認することができます。もしショートカットを実行して不要な箇所までカーソルが動いてしまう場合は、エラーの原因となってしまう場合があるので注意が必要です。

Excelデータを繰り返し処理する

次にExcelデータを学習サイトの取引先登録画面に入力する処理を作成します。Excelのデータの列名が入っている行を除いた2行目から5行目までを1行ずつ繰り返し登録していく操作です。

図　**繰り返し処理を行うExcelデータ**

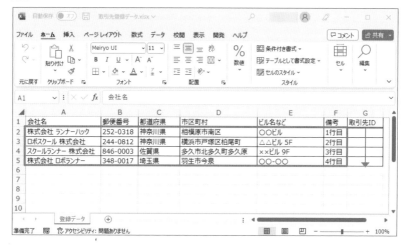

繰り返し処理「For each」とは

本節で作成していく繰り返しの操作は、「For each」アクションを使用します。「For each」アクションを配置すると、その下に「End」アクションが自動的に配置され、この2つのアクションの間にあるアクションの操作が繰り返される仕組みです。「For each」アクションは定型業務の自動化では頻繁に使うアクションですので、使いこなせるようになるととても便利です。

Excelデータの処理を繰り返す

「For each」アクションを使用して、前節で一括取得したExcelデータを1行ずつ繰り返して処理するフローを作成します。

STEP 1 「For each」アクションをドラッグ＆ドロップする

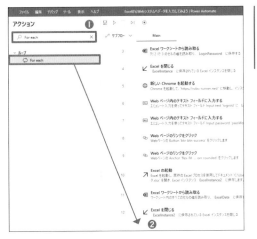

アクションの検索ボックスに「For each」と入力し❶、「For each」アクションをワークスペースの一番下にドラッグ＆ドロップします❷。

STEP 2 「反復処理を行う値：」を設定する

「反復処理を行う値：」項目の右にある「{x}」をクリックします❶。
一覧から「ExcelData」をクリックして❷、「選択」ボタンをクリックします❸。

MEMO 「ExcelData」の中身は「取引先登録データ.xlsx」の2行目から5行目までのデータです。

　ここで選択した「ExcelData」の変数の型が「Datatable」となっています。この型に関する説明はP.172で詳しく説明します。

「保存先:」項目の「CurrentItem」の変更はせず、「保存」ボタンをクリックします❹。

ワークスペースに「For each」アクションが登録されると、左の図のように、すぐ下に「End」アクションもフローに登録されます❺。

「For each」アクションの設定で「ExcelData」を選択したことで、Excelから読み込んだ2行目から5行目までのデータを1行ずつ繰り返し処理していくことができます。

5-10 取得したデータを 繰り返しWebページに入力する

1行ずつ処理する「取引先登録データ.xlsx」のデータを、学習サイトの取引先登録ページへ項目ごとに入力を繰り返していくフローを作成します。

Webページの入力フォームへ繰り返しデータを入力する

取引先登録ページへの入力を繰り返すフローを作成するにあたり、まずは取引先登録ページの入力フォームのUI要素の取得を行います。その後に、入力フォームにデータを入力するアクションを登録します。入力を繰り返すフローを作成したいので、5-9節で登録した「For each」アクションと「End」アクションの間に、入力フォームへ入力するアクションを登録していきます。

図 学習サイトの取引先登録ページの画面

＜UI要素を取得する項目＞
❶会社名
❷郵便番号
❸都道府県（プルダウン）
❹市区町村
❺ビル名など
❻備考
❼「登録」ボタン

取引先登録ページのUI要素の取得を行っていきます。ブラウザーで取引先登録ページを開いておきましょう。フローデザイナーの画面右側の「UI要素」をクリックしてパネルを開き、「UI要素の追加」ボタンをクリックしてUI要素ピッカーで取得をしていきます。

フローデザイナー右側の「UI要素」をクリックし❶、「UI要素の追加」ボタンをクリックします❷。

UI要素ピッカーに必要なUI要素を登録していきます。ここで必要な要素は「会社名」「郵便番号」「都道府県」「市区町村」「ビル名など」「備考」の入力欄と「登録」ボタンの7つです。

「取引先登録」の「会社名」の入力欄が赤枠で囲われた状態で、[Ctrl]を押しながらクリックします❸。

同じ要領で「郵便番号」「都道府県」「市区町村」「ビル名など」「備考」の入力欄と、「登録」ボタンについてもUI要素を取得しましょう。

すべて取得できると、UI要素ピッカーの画面は次の図のようになっています。これでUI要素の取得は完了です。最後に「完了」ボタンをクリックします。

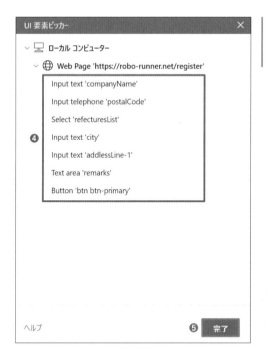

7つのUI要素がすべて取得できたことを確認して❹、「完了」ボタンをクリックします❺。

MEMO 取得した入力フォームの各UI要素名は、この後のデータの入力時に指定するので、確認しておくとよいでしょう。

STEP 2 「会社名」を入力する「Webページ内のテキストフィールドに入力する」アクションを登録する

「Webページ内のテキストフィールドに入力する」アクションを「For each」アクションと「End」アクションの間にドラッグ＆ドロップで配置します。

「Webページ内のテキストフィールドに入力する」アクションを、「For each」アクションと「End」アクションの間にドラッグ＆ドロップします❶。

「会社名」の項目を入力するWebページの部分を指定するために、表示された
「パラメーターの選択」の「UI要素:」を設定します。

「UI要素:」項目をクリックして❷、一覧から「Input text 'companyName'」を選択し❸、「選択」ボタンをクリックします❹。

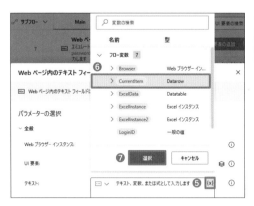

「テキスト:」項目の右にある「{x}」をクリックし❺、「CurrentItem」をクリックして❻、「選択」ボタンをクリックします❼。

MEMO　「Datarow」という型は、Datatableの中から1行取得するという意味を持っています。

　次に、「テキスト:」内を編集していきます。CurrentItemと%の間に半角の［　］
（角括弧）を入力します。ここではわかりやすくするため、角括弧の間にスペースを
入れていますが、実際に入力するときは半角で［］と入力してください。

「CurrentItem」と末尾の「%」の間をクリックし、「[]」を入力します❽。

≡ MEMO　角括弧はブラケットともいいます。

　次に、入力した角括弧の中に半角のシングルクォーテーション※2を２つ入力し、シングルクォーテーションの間に「会社名」と入力します。この書き方をすることによって処理している行の「会社名」列を指定することができます。

角括弧の中に「会社名」を半角シングルクォーテーションで囲んで、「'会社名'」と入力し❾、「保存」ボタンをクリックします❿。

Tips ％の意味

テキストを設定する際に、「Message」や「%Message%」と設定する場合があります。違いとしては「Message」は文字列として "Message" を表しており、「%Message%」は変数の Message を使うということを表します。

Tips シングルクォーテーションの意味

％に囲まれた中で文字列を表したいときに使用するのがシングルクォーテーションです。たとえば、変数 Message の値が「ありがとう」の場合、「%'皆さん' + Message%」と指定すると、「皆さんありがとう」の結果が得られます。

　保存ができたら、「郵便番号」以降も同様にアクションの追加、UI要素の設定、テキストの入力を行っていきます。

※2 ▶▶「'」は、Windows 用のキーボードでは半角で Shift を押しながら数字の 7 を押すと入力できます。

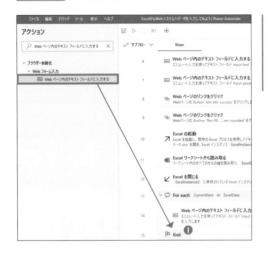

「Webページ内のテキスト
フィールドに入力する」アク
ションを、会社名を入力する
アクションの下、「End」アク
ションの上にドラッグ＆ド
ロップします❶。

UI要素は「Input telephone 'postalCode'」を設定します。

「UI要素:」項目をクリックし
❷、一覧から「Input telephone
'postalCode'」を選択して❸、
「選択」ボタンをクリックします
❹。

　「テキスト:」には、「%CurrentItem['郵便番号']%」を入力します。会社名
の設定時と同様に、先に「CurrentItem」を選択してから編集を行うとスムーズ
です。括弧とシングルクォーテーションは半角であることに注意してください。

「テキスト:」項目で変数「CurrentItem」を選択し、CurrentItemと％の間に「['郵便番号']」と入力して❺、「保存」ボタンをクリックします❻。

ここまでで、会社名と郵便番号を繰り返し入力するアクションが登録できました❼。

STEP 4 続けてテキスト入力を行う項目のアクションを登録する

「都道府県」はプルダウンで選択する形式のため後で設定し、先にこれまでやった「会社名」と「郵便番号」と同じ手順でテキスト入力を行う、「市区町村」「ビル名など」「備考」のフローを作成していきます。アクションを追加する位置は、常に1つ前に追加したアクションの下、「End」アクションの上です。

5

Excel から Web 業務システムへの入力業務を自動化する

「Webページ内のテキストフィールドに入力する」アクションを「End」アクションの上にドラッグ＆ドロップします❶。

「市区町村」の場合、UI要素は「Input text 'city'」を設定します。

「UI要素:」項目をクリックし❷、一覧から「Input text 'city'」を選択して❸、「選択」ボタンをクリックします❹。

「テキスト:」には、「%CurrentItem ['市区町村'] %」を入力します。

「テキスト:」項目で変数「CurrentItem」を選択し、CurrentItemと％の間に「['市区町村']」と入力して❺、「保存」ボタンをクリックします❻。

同様に「ビル名など」の入力フローも作成していきましょう。テキスト入力するフローは、すべて「Webページ内のテキストフィールドに入力する」アクションを、フローの「End」アクションの上に配置します。この後は、それぞれアクションを配置した後の設定画面だけを紹介します。

「ビル名など」を入力する場合、UI要素で「Input text 'addlessLine-1'」を設定します。

「UI要素:」項目をクリックし❼、一覧から「Input text 'addless Line-1'」を選択し❽、「選択」ボタンをクリックします❾。

119

「テキスト :」には、「%CurrentItem ['ビル名など'] %」を入力します。

「テキスト :」項目で変数「CurrentItem」を選択し、CurrentItem と % の間に「['ビル名など']」と入力し⑩、「保存」ボタンをクリックします⑪。

続いて、「備考」の入力フローを作成します。「Web ページ内のテキストフィールドに入力する」アクションをドラッグ＆ドロップし、「End」アクションの上に配置します。「備考」を入力する場合、UI 要素で「Text area 'remarks'」を設定します。

「UI 要素 :」項目をクリックし⑫、一覧から「Text area 'remarks'」を選択し⑬、「選択」ボタンをクリックします。⑭

「テキスト :」には、「%CurrentItem ['備考'] %」を入力します。

「 テ キ ス ト :」項 目 で 変 数
「CurrentItem」 を 選 択 し、
CurrentItem と % の間に「['備
考']」と入力し⓯、「保存」ボ
タンをクリックします⓰。

ここまでで、「会社名」「郵便番号」「市区町村」「ビル名など」「備考」までのテ
キスト入力を繰り返すフローができました。

テキスト入力する項目の「会
社名」「郵便番号」「市区町村」
「ビル名など」「備考」までの、
テ キ ス ト 入 力 を 繰 り 返 す フ
ローができたところ⓱。

「都道府県」を入力する「Webページでドロップダウンリ
ストの値を設定します」アクションを登録する

続いて、「都道府県」をプルダウンリストで選択するフローを作成します。
「Webページでドロップダウンリストの値を設定します」アクションを、15行
目の下、「郵便番号」と「市区町村」のアクションの間にドラッグ&ドロップで
配置します。

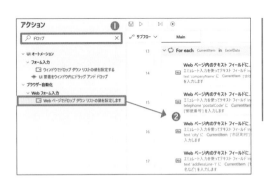

アクションの検索ボックスに
「ドロップ」と入力し❶、「Web
ページでドロップダウンリス
トの値を設定します」アク
ションを、15行目の下、「郵
便番号」と「市区町村」のアク
ションの間にドラッグ&ド
ロップします❷。

開いた設定画面の「UI要素:」
項目をクリックし❸、一覧か
ら「Select 'refecturesList'」
を選択し❹、「選択」ボタン
をクリックします❺。

「操作:」項目をクリックし❻、一覧から「名前を使ってオプションを選択します」を選択します❼。

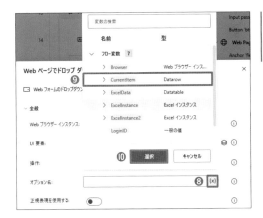

「オプション名:」項目は「{x}」をクリックし❽、変数「CurrentItem」を選択し❾、「選択」ボタンをクリックします❿。

「オプション名:」項目のCurrentItem と % の間に「['都道府県']」と入力し⓫、「保存」ボタンをクリックします⓬。

これで、プルダウンで都道府県が選択できるようになりました。

5

Excel から Web 業務システムへの入力業務を自動化する

▶ Webページ上のボタンを繰り返しクリックする

データ入力の最後に、取引先登録ページの「登録」ボタンをクリックするフローを作成します。「登録」ボタンをクリックする操作も、1つの顧客ごとに（1行ごとに）繰り返し行うので、「For each」アクションと「End」アクションの間に作成します。UI要素は取得済みなので、アクションを登録しましょう。

STEP 1 「Webページのリンクをクリック」アクションを登録する

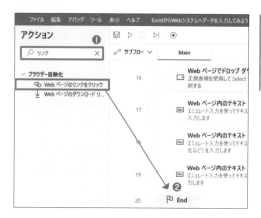

アクションの検索ボックスに「リンク」と入力し❶、「Webページのリンクをクリック」アクションを、「End」アクションの上にドラッグ＆ドロップします❷。

「UI要素:」項目をクリックし❸、UI要素として追加した「Button 'btn btn-primary'」を選択し❹、「選択」ボタンをクリックします❺。

「クリックの種類:」項目は既定の「左クリック」のままで、「保存」ボタンをクリックします❻。

　これで、学習サイトの取引先登録ページの各入力フォームへの入力と登録を繰り返していくフローが完成しました。

　この Web システムでは、取引先データを入力して「登録」ボタンをクリックすると、取引先 ID が表示されるようになっています。次節では、その取引先 ID の値を取得するフローを作成していきます。取引先 ID は1件登録するごとに表示されるので、繰り返しのフローの中に入れておく必要があります。

Webページからデータを
取得してリストに保存する

　繰り返しのフローの最後に、登録ボタンを押した後に表示される「取引先登録完了」のポップアップ画面から「取引先ID」のデータを取得し、ポップアップを閉じるフローを作成してみましょう。取得した「取引先ID」は、「取引先登録データ.xlsx」ファイルのG列の「取引先ID」に書き込むデータとして使います。

Webページから繰り返しデータを取得する

　取引先登録ページにデータを入力し「登録」ボタンを押すと、取引先IDが表示されたポップアップが表示されます。このIDを1件の登録が完了するごとに繰り返し取得するフローを作成します。ここでも、ポップアップ画面のUI要素を取得するので、事前に自分で学習サイトの取引先登録画面にダミーの情報を入力して「登録」ボタンをクリックし、以下の図のようなポップアップ画面を表示させておきます。

図　ポップアップ画面

> **MEMO** Webブラウザーの画面のUI要素を取得するときには、メインディスプレイで操作を行うようにしましょう。

STEP 1 「Webページ上の要素の詳細を取得します」アクションを登録する

　ポップアップ画面のUI要素を取得します。今回はアクションを使用してUI要素の取得を行います。UI要素として「取引先ID」の数字部分を変数として取得します。

「Webページ上の要素の詳細を取得します」アクションを、「End」アクションの上にドラッグ＆ドロップします❶。

「UI要素:」項目をクリックし❷、「UI要素の追加」ボタンをクリックします❸。

UI要素ピッカーが起動します。表示しておいた学習サイトのポップアップ画面の「取引先ID」の数字部分にマウスカーソルを合わせて、赤枠で囲われたら Ctrl を押しながらクリックします❹。

「属性名:」項目が「Own Text」になっていることを確認して❺、「保存」ボタンをクリックします❻。

MEMO 「属性名:」項目の「Own Text」については、8-6節を参照してください。
また、「生成された変数」が「AttributeValue」であることを確認しておきます。この変数の値が取引先IDの番号として格納されます。

リストを作成して取得データを保存する

このまま取引先IDを繰り返し取得すると、繰り返すたびに先に取得した取引先IDのデータがPower Automate内で上書きされてしまいます。そのため取引先IDを取得するたびに、取得した取引先IDを保存しておくリストを用意しましょう。

STEP 1 「新しいリストの作成」アクションを登録する

取引先IDのデータを保存しておくリストを作成します。

「新しいリストの作成」アクションを、「For each」アクションの上にドラッグ＆ドロップします❶。

MEMO リストの作成は一度でよいため、繰り返しのフローの前に配置します。

開いた設定画面では何も変更せず、「保存」ボタンをクリックします❷。

MEMO 「生成された変数」の「List」が作成したリストの変数です。

STEP 2 「項目をリストに追加」アクションを登録する

次に、作成したリストに取引先IDの値を保存するアクションを設定します。

「項目をリストに追加」アクションを、「End」アクションの上にドラッグ＆ドロップします。取引先IDを取得するアクションのすぐ下です❶。

アクションをドラッグ＆ドロップして開く設定画面では、リストに追加する項目と、追加先のリストを指定します。リストに追加・保存するのは、前で取得した取引先IDの変数です。また、追加先のリストは先ほど「新しいリストの作成」アクションで作成したリストになります。

開いた設定画面で、「項目の追加：」項目の「{x}」をクリックし❷、「AttributeValue」をクリックして❸、「選択」ボタンをクリックします❹。

MEMO 「AttributeValue」は、「取引先登録完了」ポップアップ画面から取得した取引先IDの変数です。

「追加先リスト：」項目の「{x}」をクリックし❺、「List」をクリックして❻、「選択」ボタンをクリックします❼。

MEMO 「List」は、データを保存するために作成したリストの変数です。

設定ができたら、「保存」ボタンをクリックして、設定画面を閉じます。

「保存」ボタンをクリックします❽。

STEP 3 ポップアップ画面を閉じる「Webページのリンクをクリック」アクションをドラッグ＆ドロップする

ポップアップ画面が開いたままでは、取引先登録ページへのデータの入力は続けられません。繰り返しデータを入力するために取引先IDを取得したらポップアップ画面の「閉じる」ボタンをクリックする処理を入れましょう。

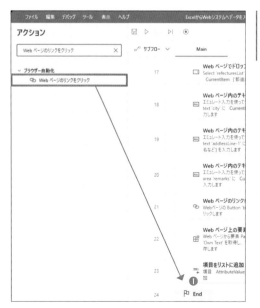

「Webページのリンクをクリック」アクションを、「End」アクションの上にドラッグ＆ドロップします❶。

MEMO 「Webページのリンクをクリック」アクションと似ているものとして、「Webページのボタンを押します」アクションがあります。このアクションはボタンを押すためのアクションで、「Webブラウザーインスタンス:」項目にどのブラウザーか設定し、「UI要素:」項目にボタンの要素を設定します。

「UI要素:」項目をクリックし❷、「UI要素の追加」をクリックします❸。

UI要素ピッカーが開いたら、ポップアップ画面の「閉じる」ボタンにマウスのカーソルを当て、赤枠で囲われたら [Ctrl] を押しながらクリックします❹。

「UI要素:」項目に「閉じる」ボタンが登録されたことを確認し❺、下の「クリックの種類:」項目は「左クリック」のままにします❻。
「保存」ボタンをクリックします❼。

　以上で取引先IDを取得して、ポップアップ画面を閉じるまでのフローの作成が終了となります。

　それではツールバーの「実行」ボタンを押してフローの動作を確認します。実行がうまくできると、学習サイトの「取引先一覧」をクリックした画面に今回登録した情報が出てきますので、確認してみましょう。

図　フロー実行後の「取引先一覧」ページの画面

　また、フローデザイナーの画面右にある「フロー変数」の「List」の項目には、取引先 ID が追加されていることが確認できます。

図　フロー実行後のフローデザイナーの画面

5-12 リストのデータを Excelファイルに転記する

5-11節で取引先IDを取得して保存したリストのデータを、サンプルファイルの「取引先登録データ.xlsx」の「取引先ID」列（G列）に転記するフローを作成します。

月次データなど、繰り返し取得したデータをまとめてExcelで管理する場合に活用できるフローです。取得したデータをExcelファイルに転記しておけば、取引先IDを確認するのが、手元のExcelファイルだけで済むので、わざわざWebシステムにログインする手間が省け、業務の効率化ができます。

作成したリストのデータをExcelファイルに転記する

登録するアクションは、「Excelの起動」「ワークシートへの書き込み」「Excelの終了」の3つだけです。

STEP 1 「Excelの起動」アクションを登録する

「Excelの起動」アクションをワークスペースの一番下、「End」アクションの下にドラッグ＆ドロップします❶。

開いた「Excelの起動」の設定画面では、「Excelの起動:」に「次のドキュメントを開く」、「ドキュメントパス:」に「取引先登録データ.xlsx」のファイルを設定

します。次に登録する Excel ファイルへの書き込みのアクションの設定で使う
「生成された変数:」の変数の値も確認しておきましょう。

「Excel の起動:」項目で「次の
ドキュメントを開く」を選択
します❷。
「ドキュメントパス:」項目に
はサンプルファイルの「取引
先登録データ.xlsx」を選択し
❸、「保存」ボタンをクリッ
クします❹。

> **MEMO** 「生成された変数」
には「ExcelInstance3」とありま
す。次のアクションでこの変数
を指定します。

STEP 2 「Excel ワークシートに書き込む」アクションを登録する

リストのデータを Excel ファイルに転記するアクションを登録します。

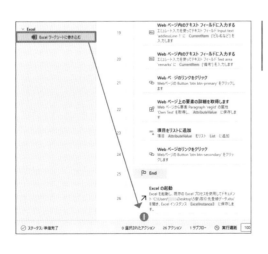

「Excel ワークシートに書き込
む」アクションをワークス
ペースの一番下にドラッグ＆
ドロップします❶。

　開いた設定画面で、データの書き込み先のファイルと書き込むデータの種類を
設定します。このフローでは、「Excel インスタンス:」には変数「ExcelInstance3」
を設定し、「書き込む値:」には変数「List」を設定します。

「Excel インスタンス:」項目は「ExcelInstance3」を選択し❷、「書き込む値:」項目は「List」を選択します❸。

📑 MEMO 「ExcelInstance3」は「Excelの起動」アクションで生成された変数、「List」は取引先IDを格納した変数です。

さらに、この設定画面ではどのように書き込むのか、どのセルに書き込むのかを設定していきます。「取引先登録データ.xlsx」の「取引先ID」列（G列）に書き込むので、列名の下の2行目の「G2」セルを先頭行として書き込む設定にします。「書き込みモード:」は「指定したセル上」、「列:」は「7」、「行:」は「2」を設定します。

「書き込みモード:」項目は「指定したセル上」を選択し❹、「列:」項目は「7」❺、「行:」項目は「2」を選択します❻。「保存」ボタンをクリックします❼。

Excel ファイルを保存して終了する

最後に「取引先登録データ.xlsx」を保存して Excel を終了しましょう。

STEP 3 「Excel を閉じる」アクションを登録する

「Excel を閉じる」アクションをワークスペースの一番下にドラッグ＆ドロップします❶。

開いた設定画面で、「Excel インスタンス:」は、「Excel の起動」アクションで生成された変数である「ExcelInstance3」を設定します。「Excel を閉じる前:」でドキュメントを保存（上書き）する設定を忘れずにしましょう。

「Excel インスタンス:」項目は、「ExcelInstance3」を選択し❷、「Excel を閉じる前:」項目は「ドキュメントを保存」を選択します❸。
最後に「保存」ボタンをクリックします❹。

> **Tips** 変数を指定する場合は、その値に注意しよう
>
> 複数の Excel ファイルを使う場合などは、「ExcelInstance」「ExcelInstance2」「ExcelInstance3」のように変数が生成されていき、番号だけが違う変数が多くなります。これらの変数を設定する場合は、選択する変数、つまり変数が指定するファイルを間違えないように注意しましょう。似た名前が多くなりすぎるときには、変数名を値がわかりやすいものに変更していくことも有効です。

5-13 ブラウザーを閉じる

　最後に、ここまで利用してきたブラウザーを閉じるアクションを登録して、5章のフローを完成させましょう。

▶ 指定したブラウザーを閉じる

　学習サイトを開いているブラウザーを終了するフローを作成します。これで、5章のフローは完成です。

STEP 1　「Webブラウザーを閉じる」アクションをドラッグ＆ドロップする

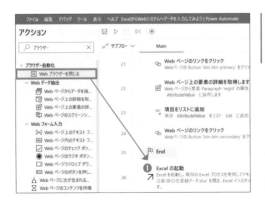

「Webブラウザーを閉じる」アクションを「End」アクションのすぐ下にドラッグ＆ドロップします❶。

MEMO アクションは「ワークスペースの一番下」ではなく「End」アクションと「Excelの起動」アクションの間に配置します。

「Webブラウザーインスタンス：」項目はそのままで、「保存」ボタンをクリックします❷。

MEMO 「Webブラウザーインスタンス：」項目の変数「Browser」は、Chromeブラウザーの起動アクションを設定したときに生成されたものです。

5-14 作成したフローを実行する

　ここまでの作成したフローを確認します。まずは問題なく作成できている
か、フローデザイナーのツールバーの「実行」ボタンをクリックして確認し
てみましょう。また、5章で使ったアクションはどれもよく使うアクション
です。設定の方法やどういった操作のときに使うアクションなのか、もう一
度確認してみてください。

▶ 作成したフローを実行して確認する

　フローをはじめから最後までエラーなく実行できると、フローの実行後に
は、「取引先登録データ.xlsx」のG列に、学習サイト上に入力した後に取得
できる取引先IDの情報が取引先の数だけ記載されます。また、Power
Automateの画面上では、フローデザイナーの右側に表示される変数やエラー
の有無で、問題なく実行できたかが確認できます。

> **MEMO** マルチディスプレイで実行をした場合、メインディスプレイとサブディスプレイの解
> 像度や拡大率が違うと正常に動作しない場合があります。ブラウザーをメインディスプレイへ移
> 動して実行するか、サブディスプレイの設定をメインディスプレイに合わせるように設定を変更
> してから実行してください。

図　フロー実行後のExcelファイル「取引先登録データ.xlsx」

実行した際のエラーの対処法

実行をした際に、エラーが出る可能性があります。エラーが出てしまった場合には、エラーの原因となったアクションの設定内容をもう一度見返し、設定が間違っていないか確認してみましょう。また、これまでに試しで実行した際に作成されたファイルやブラウザーなどが起動されたままになっていることでもエラーになりますので、最初から通して確認する場合は、ブラウザーやExcelをすべて終了した状態で実行してください。

以下の図の場合、入力したい場所が見つからないことがエラーの原因です。このエラーの解決方法としては、入力先のUI要素を再取得することが考えられます。

図 エラーの例

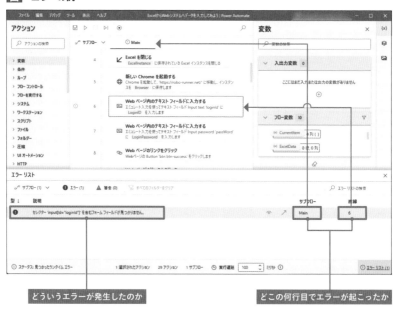

5章のまとめ

本章では大きく分けて以下の12個の操作を自動化しました。

①Excelを起動し、ファイルを開く処理

②ID、パスワード情報をExcelファイルから取得する処理

③Excelの終了処理

④ブラウザーを起動し、サイトを開く処理

⑤ID、パスワードを入力し、ログインをする処理

⑥取引先登録ページの画面に移動する処理

⑦Excelファイルからデータを一括で取得する処理

⑧取得したデータを繰り返しWebシステムに入力する処理

⑨Webシステムから取引先IDを取得し、リストに保存する処理

⑩ブラウザーを閉じる処理

⑪リストのデータをExcelファイルに一括で入力する処理

⑫Excelファイルを保存し、Excelを終了する処理

　この5章の内容を覚えておけば、WebシステムへのログインからExcelデータへの転記までの流れを自動化することができるようになります。業務レベルで作成したフローと実際にPower Automateで作成したフローを比較すると以下のようになります。本章のフローのように一連の業務をすべて自動化することが難しくても、ご自身の業務の一部をこれまでの操作を参考に、自動化してみましょう。

表　業務フローと使用したアクションの比較

	業務フローの操作	使用したアクション
1	「設定情報.xlsx」を開く	Excelの起動 5-2節
2	ログインIDを取得する	Excelワークシートから読み取る 5-3節
3	パスワードを取得する	Excelワークシートから読み取る 5-3節
4	「設定情報.xlsx」を閉じる	Excelを閉じる 5-4節
5	学習サイトを開く	新しいChromeを起動する 5-5節
6	ログイン画面にログインIDを入力する	Webページ内のテキストフィールドに入力する 5-6節
7	ログイン画面にパスワードを入力する	Webページ内のテキストフィールドに入力する 5-6節

8	「ログイン」ボタンをクリックする	Webページのリンクをクリック 5-6節
9	取引先登録ページを開く	Webページのリンクをクリック 5-7節
10	「取引先登録データ.xlsx」を開く	Excelの起動 5-8節
11	Excelファイルから取引先情報を取得する	Excelワークシートから読み取る 5-8節
12	「取引先登録データ.xlsx」を閉じる	Excelを閉じる 5-8節
13	（取引先IDを一時保存するためのリストを作成する）	新しいリストの作成 5-11節
14	会社名を入力する	For each Webページ内のテキストフィールドに入力する 5-10節
15	郵便番号を入力する	Webページ内のテキストフィールドに入力する 5-10節
16	都道府県を選択する	Webページでドロップダウンリストの値を設定します 5-10節
17	市区町村を入力する	Webページ内のテキストフィールドに入力する 5-10節
18	ビル名などを入力する	Webページ内のテキストフィールドに入力する 5-10節
19	備考を入力する	Webページ内のテキストフィールドに入力する 5-10節
20	「登録」ボタンをクリックする	Webページのリンクをクリック 5-10節
21	取引先IDを取得する	Webページ上の要素の詳細を取得します 5-11節
22	（取得IDをリストに追加する）	項目をリストに追加 5-11節
23	ポップアップ画面を閉じる	Webページのリンクをクリック
24	学習サイトを閉じる	Webブラウザーを閉じる 5-13節
25	「取引先登録データ.xlsx」を開く	Excelの起動 5-12節
26	取引先IDを入力する	Excelワークシートに書き込む 5-12節
27	「取引先登録データ.xlsx」を保存して閉じる	Excelを閉じる 5-12節

カッコ内の操作は実際の業務フローにはない操作です。Power Automateで自動化する際に必要な設定です。

　アクションの設定では、選択肢の中から項目を選んで設定するものがいくつもあります。ご自身でもくもくと進めて行く分には問題なくなるかもしれませんが、本とパソコンを行ったり来たりしていると、見落としたり設定ミスをする可能性があります。1つひとつのアクションや詳細設定を確実に設定することを心がけてみてください。

第 6 章

複数ファイルから1つの
ファイルへのデータ集約を
自動化する

複数のファイルから必要なデータを集約し、1つのファイルにまとめあげること
は、報告書などを作成する業務などで多くあるのではないでしょうか。6章では
そういった特定のフォルダー内にある複数のファイルを処理して、1つのファイ
ルにデータをまとめる、といった作業の自動化方法について解説します。

▶この章でわかること
- フォルダーの存在確認
- フォルダーの新規作成
- フォルダー内のサブフォルダー一覧の取得
- CSV ファイルの繰り返し処理
- CSV ファイルのデータの取得
- Excel ファイルの新規作成

　別々のファイルに分かれているデータを、1つひとつ確認しながら1つの
ファイルに転記していく作業は、非常に時間と手間がかかる作業です。たと
えば、フォーマットが統一された複数ファイルのデータを、1つのシステム
やファイルにまとめる業務は、週次や月次で行っている方もいるかと思いま
す。そういった複数ファイルを操作するフローを作成できるようになること
で、自動化できる業務の幅も広がるはずです。

　ここでは、特定のフォルダー内に入っている複数のフォルダーを取得し、
さらにそのフォルダー内の複数のCSVファイルを繰り返し処理してから1つ
のExcelファイルに集約する、ということをやってみましょう。

実際の業務への活用

　6章では複数のCSVファイルからExcelファイルへの転記作業の自動化を
紹介します。このフローの内容は、CSVファイルでなくても活用できます。
たとえば、都道府県別に管理された営業先リストのExcelファイルを1つの
Excelファイルに統合してリスト化する業務を自動化したい場合は、これか
ら解説するフローの作成方法が参考になります。

　また、各部署から提出される予実管理表から業績の取りまとめ表を作成す
る、といったような定期的な作業の自動化にも、6章の内容が大いに活用で
きます。ここで共通する操作は、複数のファイルからなるデータを1つのファ
イルに集約するということです。

この章でやる業務の概要

　月ごとのフォルダーで管理された月次レポートのファイルを、1つの実績
ファイルにマージして指定のフォルダーに格納する、というフローを作成し
ます。概要は次の通りです。

表 この章で自動化する業務の概要

業務名	月次レポートの集約
業務概要	月次レポートのCSVファイルが月ごとのフォルダーに格納されている。これらのファイルを読み込み、テンプレートを使って、Excelの実績ファイルにマージ・整形を行い、保存先のフォルダーに格納する業務。

　サンプルデータでは、「4月」フォルダーに「act_report_2022-04.csv」、「5月」フォルダーに「act_report_2022-05.csv」と、月次レポートのCSVファイルがそれぞれのフォルダーに入っています。

図 月次レポートのCSVファイルの内容
　　（画面左「act_report_2022-04.csv」、画面「act_report_2022-05.csv」）

　これらのデータを、次の図の「実績テンプレート.xlsx」というテンプレートファイルに転記します。

6
複数ファイルから1つのファイルへのデータ集約を自動化する

145

図　実績テンプレート.xlsx

　そして最後に「結果_2022.xlsx」というファイル名で「結果」フォルダーに
保存します。配布しているサンプルファイルには、「結果_2022.xlsx」という
ファイルがありますが、フロー実行前の中身はテンプレートと同じです。

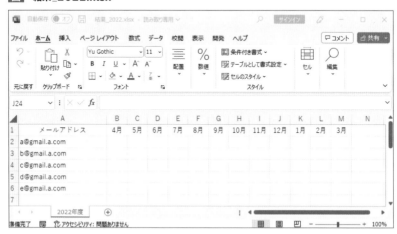

図　結果_2022.xlsx

　6章のフロー作成で使うサンプルデータは「6章」フォルダーにあります。
この「6章」フォルダーをパソコンのデスクトップに保存しておきましょう。

フォルダーの中には「レポート」・「結果」フォルダーと「実績テンプレート.xlsx」が格納されています。「6章」のフォルダー構成は以下のようになっていますので、確認しておきましょう。

図　この章で使うサンプルデータのフォルダー構成

6章で自動化する一連の業務を作業ごとに分けて順番に並べると、以下の通りです。

図　業務の流れ

1	結果ファイルを保存するフォルダーの存在を確認する
2	結果ファイルを保存するフォルダーがなければ新規作成する
3	レポートを格納している「●月」という名前のフォルダー一覧を取得する
4	実績テンプレートファイルを開く
5	「●月」フォルダー内のCSVファイル一覧を取得する
6	CSVファイルのデータを取得する
7	CSVファイルのデータを実績テンプレートファイルに転記する
8	「●月」フォルダー内のCSVファイルにデータがある限り、5から8を繰り返す
9	結果ファイルとして保存する

▶ フロー図

上記の作業の流れをフロー図にしたものが、次の図です。フォルダーがある／ないでの分岐処理があったり、5章と同様に繰り返しの操作があります。また、繰り返しの図形の中にさらに繰り返しの図形があり、少し複雑なフローになっています。

この章で自動化する業務のフロー図

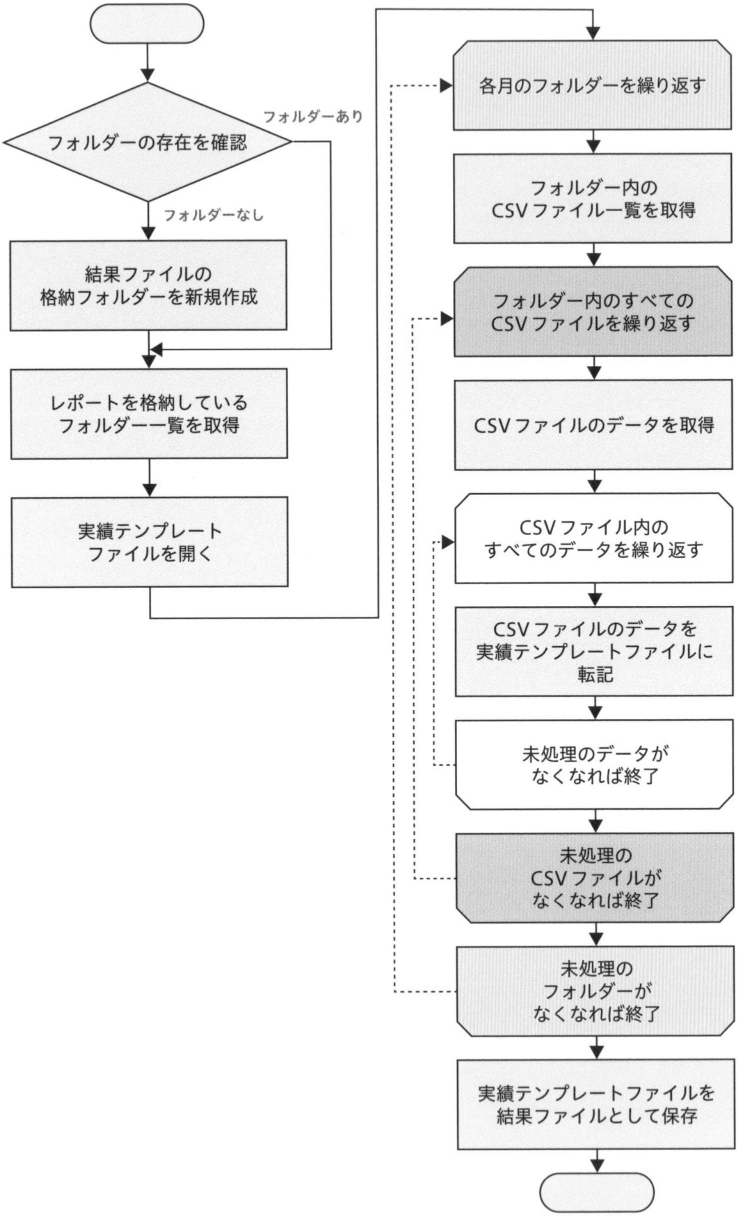

各月のフォルダーを繰り返す

フォルダー内の
CSVファイル一覧を取得

フォルダー内のすべての
CSVファイルを繰り返す

CSVファイルのデータを取得

CSVファイル内の
すべてのデータを繰り返す

CSVファイルのデータを
実績テンプレートファイルに
転記

未処理のデータが
なくなれば終了

未処理の
CSVファイルが
なくなれば終了

未処理の
フォルダーが
なくなれば終了

実績テンプレートファイルを
結果ファイルとして保存

フォルダーの存在を確認　フォルダーあり

フォルダーなし

結果ファイルの
格納フォルダーを新規作成

レポートを格納している
フォルダー一覧を取得

実績テンプレート
ファイルを開く

新しいフローの作成

6章のフローを新規で作成します。コンソール画面からはじめましょう。

STEP 1 新しいフローを作成する

Power Automate を起動して、コンソール画面から新しいフローを作成します。

Power Automate を起動して、「＋新しいフロー」をクリックします❶。

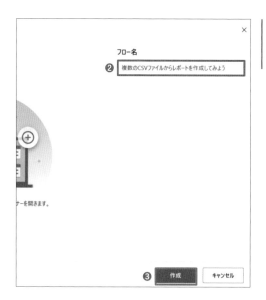

フロー名に「複数のCSVファイルからレポートを作成してみよう」と入力し❷、「作成」ボタンをクリックします❸。

　フローデザイナーが開いて、準備は完了です。次の節からフローを作成していきます。

フォルダーを新規作成する

まずは、結果ファイルを保存するフォルダーがすでにあるかないかを確認し、なかった場合に新しく作成するフローを作成します。結果ファイルを保存するのは最後ですが、保存するフォルダーの確認はフローの最初に行います。

フォルダー操作はパソコン作業をしている人なら、ほとんどの人が業務で行っている操作でしょう。Power Automateでもフォルダーに関する操作アクションはたくさん用意されています。ここでは、そのアクションの一部を使ってフローを作成していきます。

フォルダーの有無を確認する

保存する場所(ここではデスクトップの「6章」フォルダー)に、「結果」フォルダーがあるかないかを確認し、フォルダーがない場合だけ、次の操作(フォルダーの作成)を続けるような条件フローを作成します。このアクションを登録すると、その下に「End」アクションも自動で登録されます。

▶**STEP 1** 「フォルダーが存在する場合」アクションを登録する

アクションの検索ボックスに「フォルダー」と入力し❶、「フォルダーが存在する場合」アクションをワークスペースにドラッグ＆ドロップします❷。

設定画面で、「フォルダーが次の場合:」項目で「存在しない」を選択します❸。
次に、「フォルダーパス:」項目の「フォルダーの選択」アイコンをクリックします❹。

サンプルデータの「6章」フォルダー内の「結果」フォルダーを選択し❺、「OK」ボタンをクリックします❻。

MEMO 「フォルダーパス:」項目として指定したフォルダーが「ある／ない」を判定するための場所の指定です。今回はフォルダーを用意していますが、ない場合は「新しいフォルダーの作成」で作ってから選択してもよいでしょう。つまり、フォルダーがある前提でのアクションで、動作前に削除されてしまったといったことへの対処になります。

「保存」ボタンをクリックします❼。

MEMO この設定で、指定した場所にフォルダーが「存在しない」場合に次に登録するアクションが実行されます。

複数ファイルから1つのファイルへのデータ集約を自動化する

フォルダーを作成する

　フォルダーを作成するアクションを登録しましょう。「フォルダーが存在する場合」アクションと、自動で登録された「End」アクションの間に、このアクションを配置します。ここに配置することで、「フォルダーが存在する場合」アクションで設定した、「指定の場所にフォルダーが存在しない」という条件に当てはまった場合にだけ、このアクションが有効になります。

▶STEP 1　「フォルダーの作成」アクションを登録する

「フォルダーの作成」アクションを「フォルダーが存在する場合」アクションと「End」アクションの間にドラッグ＆ドロップします❶。

「新しいフォルダーを次の場所に作成:」項目はサンプルデータの「6章」フォルダーを指定します❷。「新しいフォルダー名:」項目には「結果」と入力します❸。

▧MEMO　フォルダーの階層構造は、この設定画面では「\」（バックスラッシュ）で表記されています。Windows上では「¥」マークで表記されることもあります。

　今回のこの章のフローでは、「フォルダーの作成」アクションで生成される変数を使うことはありません。使わない変数は、設定ミスをしないよう無効化しておきましょう。

「生成された変数」をクリックして、無効にします❹。無効化したら「保存」ボタンをクリックします❺。

　これで、「結果」フォルダーがないときにフォルダーを新規作成し、フォルダーがあれば何も行わない処理が実装できました。

　「フォルダーが存在する場合」アクションで、指定した場所にフォルダーがある場合はすぐに「End」アクションに移り、ない場合は「フォルダーの作成」アクションを実行してから「End」アクションに移ります。

Tips **なぜフォルダーを新規作成する処理を入れる必要があるのか**

ファイルを新規作成し、「名前を付けて保存」を行う場合、必ず「保存先」となるフォルダーが必要です。普段の業務では人が目で見てフォルダーの有無を確認し、なければ作成するでしょう。ロボットを作成する際には、「あるだろう」という考え方よりも、「ないかもしれない」という "かもしれない" の考え方で進めていくのが、よりよいロボットを作成できる秘訣であることを覚えておきましょう。

図　**6-2節で作成する条件分岐**

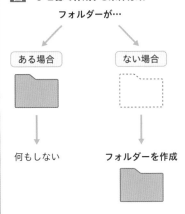

サブフォルダー一覧を取得する

次に、複数のCSVファイルを処理するためにCSVファイルが格納されているサブフォルダーを検索するフローを作成します。

▶ 特定のサブフォルダーを探して取得する

フォルダー内を探し、格納されている各月のフォルダー一覧を取得するアクションを登録します。

STEP 1 「フォルダー内のサブフォルダーを取得」アクションをドラッグ＆ドロップする

アクションは「End」アクションの下に配置します。

「フォルダー内のサブフォルダーを取得」アクションをワークスペースの一番下にドラッグ＆ドロップします❶。

STEP 2 「フォルダー:」「フォルダーフィルター:」を設定する

「2022年度」フォルダーにある「●月」という名前のフォルダーを探して取得するという設定をします。

開いた設定画面で、「フォルダー:」項目の「フォルダーの選択」アイコンをクリックします❶。

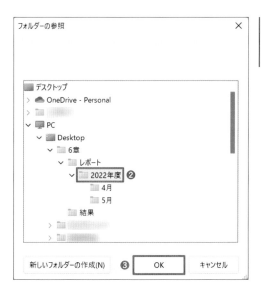

サンプルデータの「6章\レポート\2022年度」フォルダーを選択し❷、「OK」ボタンをクリックします❸。

6

複数ファイルから1つのファイルへのデータ集約を自動化する

「フォルダーフィルター:」項目に「*月」と入力し❹、「保存」ボタンをクリックします❺。

MEMO 取得したサブフォルダーの情報は、「生成された変数」の変数「Folders」に格納されます。

Tips　ワイルドカード

「フォルダーフィルター:」項目を設定する際に、「*月」と入力しました。この「*」はワイルドカードと呼ばれるものです。ワイルドカードとは、任意の文字を表す記号で、主に「*」や「?」が用いられます。

・「*」・・・長さ0文字以上の任意の文字列(「*月」で「1月」も「12月」も指定できる)
・「?」・・・任意の1文字(「?月」で「1月」は指定できるが、2文字になる「12月」は指定できない)

6-4 データを入力する Excelファイルを準備する

実績の入力は、サンプルとして用意したExcelファイルの実績テンプレートを使って行います。サンプルファイル「実績テンプレート.xlsx」を使って、実績を入力する準備をしていきます。

Excelファイルの起動と終了

このフローの後半では、「実績テンプレート.xlsx」に実績を入力し、別の名前で保存する操作を行うので、まずは「実績テンプレート.xlsx」を開くフローを作成します。同時に、閉じる操作も先に登録しておきましょう。

▶STEP 1 「Excelの起動」アクションを登録する

「Excelの起動」アクションを、ワークスペースの一番下にドラッグ＆ドロップします❶。

開いた設定画面の「Excelの起動:」項目で「次のドキュメントを開く」を選択し❷、「ドキュメントパス:」項目の「ファイルの選択」アイコンをクリックします❸。

サンプルファイルの「6章」フォルダーにある「実績テンプレート.xlsx」を選択し❹、「開く」ボタンをクリックします❺。

「保存」ボタンをクリックして、設定画面を閉じます❻。

STEP 2 「Excelを閉じる」アクションを登録する

　Excelを起動するアクションを登録したときには、忘れないように、先にExcelを閉じるアクションも作成しておきましょう。

　このフローで実際にExcelを閉じる操作をするときは、ファイルに実績が入力された状態になるので、別の名前を付けてファイルを保存する操作を設定します。

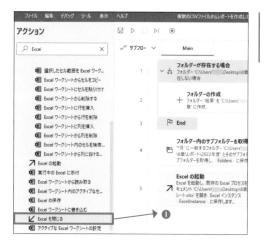

「Excelを閉じる」アクション
を、ワークスペースの一番下
にドラッグ＆ドロップします
❶。

　設定画面の「Excelインスタンス：」の変更は必要ありません。「Excelを閉じる
前：」は「名前を付けてドキュメントを保存」に設定します。「ドキュメントパス：」
は「結果」フォルダー内に「結果_2022.xlsx」のファイル名で保存されるように
「結果_2022.xlsx」を指定します。

「Excelを閉じる前：」項目で
「名前を付けてドキュメント
を保存」を選択します❷。
次に、「ドキュメントパス：」
項目の「フォルダーの選択」
アイコンからサンプルファイ
ルの「6章＼結果」フォルダー
の「結果_2022.xlsx」を選択
し❸、「保存」ボタンをクリッ
クします❹。

　これで、実績を入力する実績テンプレートファイル「実績テンプレート.
xlsx」をExcelで開くアクションと、入力後に別の名前の結果ファイル「結果
_2022.xlsx」として保存するアクションが登録できました。

　この後は、ここで作成したExcelの起動と終了のフローの間に、CSVファ
イルのデータを取得していくフローを作成していきます。

6-5 フォルダー内のCSVファイルの一覧を繰り返し取得する

6-3節で「2022年度」フォルダー内のフォルダー（サブフォルダー）を検索し、フォルダーの情報を取得するフローを作成しました。本節では、この取得したサブフォルダーの情報を使って、サブフォルダーの中にあるCSVファイルを取得するフローの作成を行います。

社内で管理されているファイルは、データの内容ごとにフォルダー分けされ、深い階層構造になっている場合があるかと思います。そういった場合に、まずフォルダー内にあるフォルダー一覧を取得します。さらに、その一覧のデータを使って、その中にある各ファイルの一覧を取得していくというように、1つひとつの階層で操作を分けて考えて処理していくとよいでしょう。

▶ 取得したサブフォルダーを繰り返し処理する

繰り返しの操作で使う「For each」アクションの登録をします。

> STEP 1) 「For each」アクションを登録する

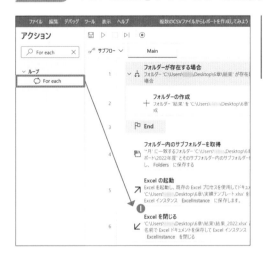

「For each」アクションを、ワークスペースの「Excelの起動」アクションと「Excelを閉じる」アクションの間にドラッグ＆ドロップします❶。

「For each」アクションを「Excel の起動」アクションと「Excel を閉じる」アクション
の間に配置したのは、ここで登録する繰り返しの操作が「CSV からデータを取得
→ Excel ファイルへ転記」の操作であるためです。Excel へ転記するには、その前に
Excel を開くアクションが必要であり、今回は 1 つの CSV のデータを入力するごとに
Excel ファイルを開いたり閉じたりする必要がないため、「For each」アクションの前
に「Excel の起動」アクションを配置しています。このように、「For each」アクション
を使う際には、フローの全体の流れを考えて配置する場所を決めましょう。

「反復処理を行う値:」項目の
「{x}」をクリックします❷。

開いたリストから「Folders」
を選択し❸、「選択」ボタン
をクリックします❹。

MEMO 「Folders」は、6-3 節
で取得したサブフォルダー一覧
の変数です。

「保存先:」の変数名は規定では「CurrentItem」になっています。わかりやす
いように変数名を「Folder」に変更しましょう。

「保存先:」項目の変数名をダブルクリックし、「%」の間を「Folder」に書き換えます❺。

入力が完了したら、「保存」ボタンをクリックします❻。

設 定 が 完 了 す る と、「For each」アクションに「Folder in Folders」という表記が設定されます❼。

📝 **MEMO** 「Folder in Folders」は、6-3節で取得した「Folders」の情報でサブフォルダー内を検索し、検索した情報を先ほど変更した変数「Folder」に格納するという意味です。

▶▶ CSV ファイルの一覧を繰り返し取得する

「●月」と名前のついたフォルダーを繰り返し処理できるようにアクションを登録しました。次に、各月のフォルダーに入っているCSVファイルの一覧を取得するフローを作成します。

CSVファイルを取得する「フォルダー内のファイルを取得」 アクションをドラッグ＆ドロップする

CSVファイルを取得する操作には、「フォルダー内のファイルを取得」アクションを使用します。サブフォルダーがある分だけ繰り返すので、「For each」アクションと「End」アクションの間に配置します。

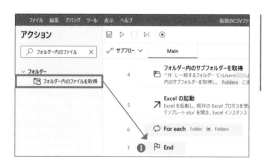

「フォルダー内のファイルを取得」アクションを、先ほど配置した「For each」アクションと「End」アクションの間にドラッグ＆ドロップします**❶**。

「フォルダー:」「ファイルフィルター:」「生成された変数」 を設定する

「フォルダー:」は「.FullName」、「ファイルフィルター:」は「act_report_*.csv」、「生成された変数」は変数名を「CSVFiles」に設定します。

「フォルダー:」項目の「{x}」をクリックし**❶**、「Folder」の先頭にある「＞」をクリックして展開し**❷**、「.FullName」を選択したら**❸**、「選択」ボタンをクリックします**❹**。

≡ MEMO 「フォルダー:」項目に「%Folder.FullName%」と表示されたらOKです。

> **Tips　フォルダー型**
>
> 変数の「型」の 1 つであるフォルダー型には、作成日時やフォルダー名、フォルダーパス、フォルダーが存在するかどうかなどのデータが入っています。そのため変数「Folder」を指定するときに、その中にあるどのデータかを指定することができます。

「ファイルフィルター:」項目には、「act_report_*.csv」と入力します❺。

　ワイルドカードの「*」を使い、「act_report_*.csv」と指定することで、ファイル名が「act_report_」からはじまり、「.csv」の拡張子を持つファイルのみを取得することができます。

　「生成された変数」では、わかりやすいように変数名を「CSVFiles」へ変更しておきましょう。

「生成された変数」の変数名を 2 回クリックするとカーソルが入るので、「%CSVFiles%」に書き換えます❻。設定できたら、「保存」ボタンをクリックします❼。

複数ファイルから 1 つのファイルへのデータ集約を自動化する

これで、「●月」フォルダー内にあるCSVファイルの一覧を繰り返し取得するフローが完成しました。ここまでのフローは以下の図のようになっています。

図　ここまでのフローと生成された変数

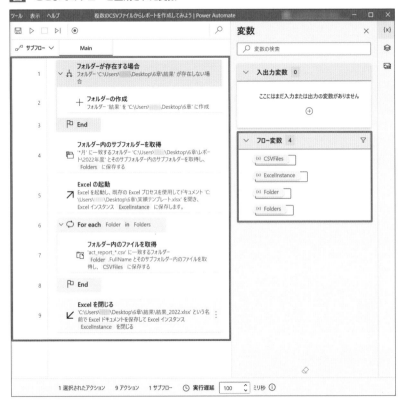

6-6 CSVファイルから繰り返しデータを取得する

本節では、各月のフォルダーに入っている1つひとつのCSVファイルのデータを繰り返し取得するフローを作成します。

▶ フォルダー内にあるCSVファイルを繰り返し処理する

フォルダー内にある複数のCSVファイルを1つひとつ読み込んでいくフローを「For each」アクションを使って作成していきます。6-5節で登録した「For each」とは別に新しい「For each」アクションを登録します。6-5節で繰り返し処理の対象となっていたのはあくまでサブフォルダーのため、今回はその繰り返しの中にさらにCSVファイルを繰り返し処理していく設定をしていきます。

STEP 1 「For each」アクションを登録する

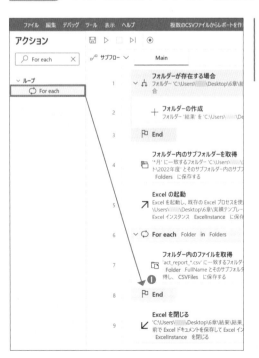

「For each」アクションをワークスペースの7行目、「フォルダー内のファイルを取得」アクションの下にドラッグ＆ドロップします❶。

MEMO サブフォルダーを繰り返し処理する「For each」アクションと「End」アクションの中に、入れ子になるように追加します。

開いた設定画面の「反復処理を行う値:」項目の「{x}」をクリックします❷。
一覧から「CSVFiles」を選択し❸、「選択」ボタンをクリックします❹。

MEMO 「CSVFiles」は6-5節で取得し、変数名を指定したCSVファイルの一覧です。

「保存先:」の変数名をわかりやすいように、「CSVFile」に変更しておきます。

「保存先:」項目の変数名を「%CSVFile%」に書き換え❺、「保存」ボタンをクリックします❻。

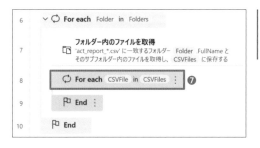

設定が完了すると、「For each」アクションが「CSVFile in CSVFiles」という表記になります❼。

　これで、繰り返し処理を行う対象が「●月」という名前のフォルダー内のCSVファイルになりました。

CSV ファイルからデータを繰り返し取得する

続いて、CSV ファイルのデータを取得していくフローを作成します。

STEP 1 「CSV ファイルから読み取る」アクションをドラッグ＆ドロップする

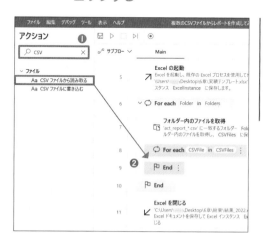

アクションの検索ボックスで「CSV」と入力し❶、「CSV ファイルから読み取る」アクションを、先ほど追加した入れ子である 8 行目の「For each」アクションと「End」アクションの間にドラッグ＆ドロップします❷。

STEP 2 「ファイルパス：」「詳細」を設定する

「ファイルパス：」項目の「{x}」をクリックします❶。「CSVFile」の先頭にある「>」をクリックして展開し❷、「.FullName」を選択してから❸、「選択」ボタンをクリックします❹。

複数ファイルから1つのファイルへのデータ集約を自動化する

> **Tips ファイル型**
>
> 「CSVFile」などのファイル型には、作成日時やフォルダー名、フォルダーパス、拡張子などのデータが入っています。そのため、変数「CSVFile」を指定するときに、具体的なデータを指定しています。

「詳細」をクリックして展開し❺、「最初の行に列名が含まれています:」をクリックして有効にします❻。
最後に「保存」ボタンをクリックします❼。

　これで、各サブフォルダー内のCSVファイルのデータを取得する処理を、CSVファイルがあるだけ繰り返すことができるようになりました。

　「For each」アクションの繰り返し処理は、「For each」アクションの中にさらに「For each」アクションがあるといった入れ子にすることができます。たとえば、フォルダー内を繰り返し処理し、さらにその中にあるファイルやフォルダーを繰り返し処理するといった、階層構造のフォルダーを検索するようなときに利用できる方法です。

6-7 フォルダー名を変数に格納する

後から行うExcelへ転記するフローを作成するときに、取得したCSVファイル内のデータが何月のデータなのかが明確になっている必要があります。そのため、フォルダーの処理の際に、生成された変数「Folder」の中に含まれるフォルダー名のデータを変数に格納しておくようにフローを作成します。

▶ 変数を設定する

「変数の設定」アクションを使って、各月のフォルダー名を変数に格納します。

STEP 1 「変数の設定」アクションをドラッグ＆ドロップする

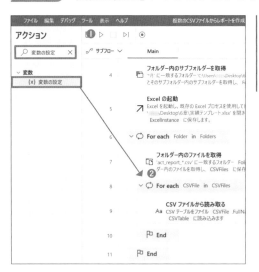

アクションの検索ボックスで「変数の設定」と入力し❶、「変数の設定」アクションを「フォルダー内のファイルを取得」アクションの下にドラッグ＆ドロップします❷。

変数の名前と、格納するデータの値を設定します。

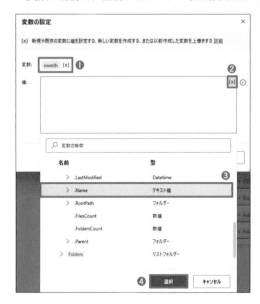

「変数:」項目の変数名を
「month」に書き換えます❶。
「値:」項目の「{x}」をクリッ
クし❷、「Folder」の下の階
層にある「.Name」を選択し
てから❸、「選択」ボタンを
クリックします❹。

MEMO 「値:」項目に「%Folder.
Name%」と表示されたらOKで
す。選択した「.Name」の値は、
フォルダー名のテキストです。

設定ができたら、アクションの設定画面で「保存」ボタンをクリックします。

「保存」ボタンをクリックしま
す❺。

　これで、「month」という変数の中にフォルダーの名前が格納されるように
設定できました。

6-8 CSVファイルのデータを 1行ずつ処理する

次にCSVファイルのデータを1行ずつ処理するフローを作成します。

CSVファイルのデータを繰り返し処理する

6章で使うサンプルファイルのCSVファイルには、以下の図のようにメールアドレスと実績件数が記載されています。

図 サンプルファイルの CSV ファイル

このデータを、CSVファイルのデータがある分だけ1行ずつ読み込んでいくフローを「For each」アクションを使って作成します。6-6節で追加したCSVファイルを繰り返し取得する「For each」アクションの中で、1行ずつ読み込む動作を繰り返すフローになります。

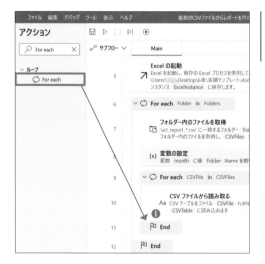

「For each」アクションを10行目の「CSVファイルから読み取る」アクションの下にドラッグ＆ドロップします❶。

MEMO 繰り返すフローが3階層に入れ子になるので、アクションを追加する位置を間違えないようにしましょう。

「反復処理を行う値:」項目の「{x}」をクリックし❷、「CSVTable」を選択し❸、「選択」ボタンをクリックします❹。

Tips DataTable 型

「CSVTable」などの DataTable 型は、Excel のテーブルのようなデータ構造を持った変数です。ヘッダー行があり、1 行目のどの項目の値なのか、2 行目のどの項目の値なのか、といった形でデータにアクセスができます。

「保存先:」項目はそのままで、「保存」ボタンをクリックします❺。

> **MEMO** CSVファイルから読み取ったデータは、変数「CurrentItem」の値として格納されます。

ここまでで、6章で行っている「月次レポートの集約」という業務の流れの6番目（P.147）になる、CSVファイルから情報を取得するところまでの操作を自動化できました。ワークスペースと変数が以下の図のようになっているか、確認しましょう。

図 ここまでのフローと生成された変数

次の節からは取得したCSVファイルのデータを、実績テンプレートファイルに転記していく操作の自動化です。後もう少しでフローが完成するので、頑張りましょう。

データをExcelの適切なセルに入力したい場合、入力先セルを指定する必要があります。手動で毎回セルの位置を判断していたのを、自動化のために、入力するデータから適切なセルを判断するフローを作成します。このフローを使うことができれば、Excelへの入力の自動化の可能性が広がり、正確な成果物を作成することにもつながりますので、ぜひ覚えていただきたい操作です。

該当する行を検索する

サンプルファイルの「実績テンプレート.xlsx」は、1行目のB列からM列に4月からはじまり3月までの値が、A列の2行目から6行目にメールアドレスが記載されています。

図 「実績テンプレート.xlsx」

読み込んだCSVファイルのデータが「どのメールアドレス」の「何月」のデータなのかを判断して、該当のセルへ書き込むフローを作成します。まずは、「どのメールアドレス」なのかを判断するために、該当する行を検索するフローを作成します。

STEP 1 メールアドレスを判断するため「Excel ワークシート内の
セルを検索して置換する」アクションを配置する

「Excel ワークシート内のセル
を検索して置換する」アク
ションを、11行目のCSVファイ
ルを繰り返し処理する「For
each」アクションと「End」ア
クションの間にドラッグ＆ド
ロップします❶。

STEP 2 「検索モード：」「一致するサポート案件：」「セルの内容が
完全に一致する：」を設定する

「検索モード：」は「検索」と設定し、「一致するサポート案件：」と「セルの内容
が完全に一致する：」を有効にします。

開いた設定画面で、「検索モー
ド：」項目は「検索」を選択し
ます❶。
「一致するサポート案件：」と
「セルの内容が完全に一致す
る：」を有効にします❷❸。

「検索するテキスト:」「生成された変数」を設定する

　「検索するテキスト:」の変数の中から「CurrentItem」を選択してから、項目をクリックして「%CurrentItem ['メールアドレス'] %」となるように書き換えます。

「検索するテキスト:」項目の「{x}」をクリックし❶、「CurrentItem」を選択して❷、「選択」ボタンをクリックします❸。

MEMO「検索するテキスト:」項目で指定した変数「CurrentItem」は、6-8節でCSVファイルを読み込んだ値です。

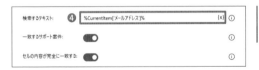

設定された「CurrentItem」を、「%CurrentItem ['メールアドレス'] %」に書き換えます❹。

「生成された変数」を展開し、「FoundColumnIndex」を無効にします❺。
「保存」をクリックします❻。

MEMO「%CurrentItem['メールアドレス']%」でCSVファイルのメールアドレスを取得して、変数「FoundRowIndex」に行の値を格納しています。

　ここまでで、A列のメールアドレスの行に合わせて、書き込む行数を変数に格納することができました。次は書き込む列を探していきます。

該当する列を検索する

　先ほどと同様に、「Excel ワークシート内のセルを検索して置換する」アクションを使って、何月のデータか、該当する列を検索するフローを作成します。

STEP 1 何月のデータかを判断するため「Excel ワークシート内のセルを検索して置換する」アクションを登録する

　「検索モード：」「一致するサポート案件：」「セルの内容が完全に一致する：」の設定は先ほどと同様です。今度は「検索するテキスト：」を「month」、生成された変数の「FoundRowIndex2」を無効に設定しましょう。

「Excel ワークシート内のセルを検索して置換する」アクションを、先ほどの行を検索するアクションの下に、ドラッグ＆ドロップします❶。

「検索モード：」項目は「検索」を選択します❷。
「一致するサポート案件：」と「セルの内容が完全に一致する：」を有効にします❸❹。

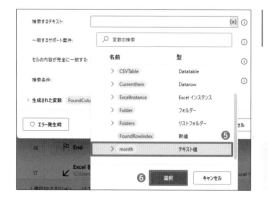

「検索するテキスト:」項目は、「month」を選択し❺、「選択」ボタンをクリックします❻。

「month」は、6-7節で取得したサブフォルダーのフォルダー名の変数です。

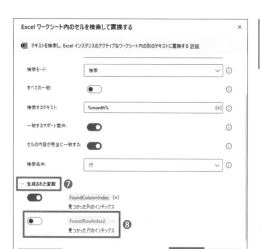

「生成された変数」を展開し❼、「FoundRowIndex2」を無効にして❽、「保存」ボタンをクリックします❾。

サブフォルダーの月の値が格納される変数「month」を指定して、変数「FoundColumnIndex」の値に格納しています。

　この節のフローで、データを書き込む「行」と「列」を特定することができるようになりました。Excelのワークシートに入力する操作を自動化する際には、ワークシート内のセルを検索するフローを作成するひと手間を加えると、自動化する業務内容の自由度がさらに上がるので活用してみてください。

6-10 Excelファイルにデータを入力する

　本節では、CSVから取得したデータをExcelの実績テンプレートファイルに入力するフローを作成します。Excelへの入力は、5-12節でも解説していますので、復習も兼ねて作成していきましょう。

▶ 取得したデータをExcelファイルへ転記する

　Excelファイルへデータを入力する際は、Excelの起動と終了が必要です。今回は、先にExcelの起動と終了のアクションを登録済みですので（6-4節）、「Excelワークシートに書き込む」アクションを登録するところから行います。

> **STEP 1** 「Excelワークシートに書き込む」アクションを登録する

　「書き込む値:」は「%CurrentItem ['実績件数'] %」と設定します。「列:」は「FoundColumnIndex」、「行:」は「FoundRowIndex」を設定します。

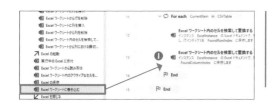

「Excelワークシートに書き込む」アクションを、13行目の「Excelワークシート内のセルを検索して置換する」アクションの下にドラッグ＆ドロップします❶。

「書き込む値:」項目は変数「CurrentItem」を選択してから、「%CurrentItem ['実績件数'] %」と書き換えます❷。

> **MEMO** 6-8節で取得した変数「CurrentItem」のCSVファイルの値の、「実績件数」のデータを指定しています。

「列:」項目の「{x}」をクリックします ❸。「FoundColumnIndex」を選択し ❹、「選択」ボタンをクリックします ❺。

「行:」項目の「{x}」をクリックします ❻。「FoundRowIndex」を選択し ❼、「選択」ボタンをクリックします ❽。

最後に設定を保存しましょう。

「保存」ボタンをクリックしま
す❾。

　これで、実績テンプレートに各フォルダーのCSVファイルのデータが、メールアドレスの行に合わせて、各月ごとに入力されることになります。入力できた実績テンプレートファイルを、「結果_2022.xlsx」というファイル名で保存して、Excelを終了するフローは、6-4節で設定しています。

　ここまでで、6章のフローがすべて作成できたので、実行してみましょう。

 セルのコピーと貼り付けのアクション

　日常業務でよく行うセルのコピーと貼り付けのアクション、「Excelワークシートからセルをコピー」アクションと「Excelワークシートにセルを貼り付け」アクションを紹介します。基本的に、この２つは一緒に使用するアクションですので、セットで覚えておくとよいでしょう。

🫘 **「Excelワークシートからセルをコピー」アクション**
書式設定などをコピーしたい場合に使用します。「コピーモード:」項目で「単一セルの値」、「セル範囲の値」、「選択範囲の値」、「ワークシートに含まれる使用可能なすべての値」から選んで設定します。

🫘 **「Excelワークシートにセルを貼り付け」アクション**
　アクション名は「セルを貼り付け」ですが、実際にはクリップボードに格納されている値を指定した場所に貼り付けるアクションです。「貼り付けモード:」項目で「指定したセル上」または「現在のアクティブなセル上」から選んで設定します。

作成したフローを実行する

それでは、6章で作成したフローを実行して、問題なく作成できているかを確認しましょう。

作成したフローを実行して確認する

1つ目のアクションから最後のアクションまでを一通り実行し、「結果」フォルダーの中にある「結果_2022.xlsx」の表の4月と5月の実績が以下の図のように入力されていれば、このフローが問題なく実行できています。

図　**フロー実行後の「結果_2022.xlsx」**

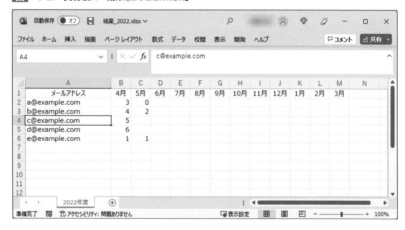

また、フローデザイナーでエラーが出ていないかを確認しましょう。
右側に表示されるフロー変数は次のような表示になっています。

図 フロー実行後のフローデザイナー

6章のまとめ

本章では大きく分けて以下の11個の操作を自動化しました。

①指定のフォルダーにサブフォルダーがあるかないかを確認する処理

②フォルダーを作成する処理

③「●月」という名前のフォルダーを取得する処理

④Excelを起動してファイルを開く処理

⑤1つひとつのフォルダー内のCSVファイルの一覧を繰り返し取得する処理

⑥フォルダーの名前を変数に格納する処理

⑦フォルダー内のCSVファイルのデータを1つひとつ繰り返し取得する処理

⑧取得したデータをExcelファイルのどの行に転記するかを検索する処理

⑨取得したデータをExcelファイルのどの列に転記するかを検索する処理

⑩取得したデータをExcelファイルに転記する処理

⑪Excelファイルを名前を付けて保存し、終了する処理

業務レベルで作成したフローと実際にPower Automateで作成したフローを比較すると以下のようになります。

表　業務フローと使用したアクションの比較

	業務フローの操作	使用したアクション
1	「結果_2022.xlsx」を保存するフォルダーの存在を確認する	フォルダーが存在する場合 6-2節
2	フォルダーを新規作成する	フォルダーの作成 6-2節
3	レポートを格納しているフォルダー一覧を取得する	フォルダー内のサブフォルダーを取得 6-3節
4	「実績テンプレート.xlsx」を開く	Excelの起動 6-4節
5	「●月」フォルダー内のCSVファイル一覧を取得する	For each Folder in Folders 6-5節 フォルダー内のファイルを取得 6-5節 変数の設定 6-7節
6	各CSVファイルのデータを取得する	For each CSVFile in CSVFiles 6-6節 CSVファイルから読み取る 6-6節
7	CSVファイルのデータを「実績テンプレート.xlsx」に転記する	For each CurrentItem in CSVTable 6-8節 Excelワークシート内のセルを検索して置換する 6-9節
8	「実績テンプレート.xlsx」を名前を付けて保存して閉じる	Excelワークシートに書き込む 6-10節 Excelを閉じる 6-4節

6章ではフォルダーの操作、CSVファイルの操作、変数にデータを格納する操作、Excelの特定のセルに入力する操作などの自動化方法について解説しました。また、繰り返し処理の中にさらに繰り返しの処理を入れるような少し複雑なフローを作成しました。

はじめはこういった複雑なフローの構成や変数を駆使するのは難しいかもしれませんが、6章の内容を参考にしつつ、ご自身の業務の自動化にも活用していってください。

POINT　複雑な業務の自動化は操作の流れを可視化する

繰り返し行う処理を自動化すると、アクションが入れ子になり肥大化していきます。業務の中で繰り返し行う手順を自動化したい場合、業務の流れを可視化して業務の整理（頭の整理）をすることで、混乱することなくフローを作ることができるので、準備をしてから取り組むようにしてみてください。

第 **7** 章

定型メールの一斉送信を
自動化する

業務の中でもメールを確認したり作成したりする時間は意外と多く、送信した後に誤字に気づくということを経験したことがあるのではないでしょうか。Power Automateではメールの送信も自動化することができます。本節では、同じ文面のメールを一斉に複数の相手へ送信するフローを作成しながら、メール送信の自動化方法について解説します。

▶ この章でわかること
- テキストファイルのデータの取得
- 文字列の置換
- Outlookの新規メール作成
- 宛先の設定
- 件名の設定
- 本文の設定
- 添付ファイルの設定

案内のメールや招集メールなど、本文の内容が同じものを宛先を変えて送信する業務に活用できるフローを紹介します。本文の一部のみを変更し、宛先を変えてメールを送信する操作を自動化できるようになれば、メールアドレスのコピー&ペーストなどをする必要がなく、宛名の間違いなどを防止し、業務改善につながります。

本節では、そんな複数の宛先へのメール送信の自動化を行っていきます。

実際の業務への活用

7章では定型文を使ったメールの送信作業のフローを作成していきます。このフローの作成方法は、たとえば広報部の場合、毎日定時に自社の株価情報を取得し、取得したデータをExcelで集計・加工し、全社向けにメール配信する業務などで活用できます。

また、人事部の場合で考えると、毎月従業員の勤務実績表を目視で確認して、印刷作業とPDFデータ送付を手作業で行っているものを、数百人分の勤務実績を自動で紙に印刷したり、自動でPDFファイルを添付してメール送信する、といったことにも活用できます。

この章でやる業務の概要

メールに6章で作成した「結果_2022.xlsx」を添付し、複数の宛先へ送信する作業を自動化します。テキストファイル「メール本文.txt」で作成された定型メールの本文を利用してメールを作成し、「宛先リスト.xlsx」に記載されている「メールアドレス」と「宛名」の情報を基に、宛名を適宜変更し、各宛先のメールアドレスへ送信します。本書ではメーラーにOutlookを使って説明します。

使用するサンプルファイルの「メール本文.txt」と「宛先リスト.xlsx」が格納されている「7章」フォルダーはデスクトップに保存しておきましょう。「宛先リスト.xlsx」にはダミーのアドレスが記載されています。フローを作成して実際に動かしてみる場合は、A列にご自身のアドレスを入力するなどして、使ってください。

図 **メール本文.txt**

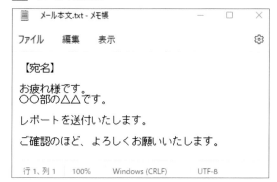

図 **宛先リスト.xlsx**

7章で自動化する業務の概要をまとめると次のようになります。

表 **この章で自動化する業務の概要**

業務名	定型メールの送信
業務概要	メール本文のひな型をテキストファイルから取得し、Excel ファイルから宛先の一覧を取得して、宛名を適宜変更し、メールを送信する。

この章でやる業務の流れ

メールの作成から送信までの流れをより細かい作業に分け、順番に並べると次のようになります。

図 **業務の流れ**

1	テキストファイルからメール本文のひな型を取得する
2	宛先ファイルを開く
3	宛先一覧を取得する
4	宛先ファイルを閉じる
5	Outlook を起動する
6	メール本文の宛名を、取得した宛先一覧データの宛名に置換する
7	宛先、件名、手順6で作成した本文、添付ファイルを設定し、メールを送信する
8	取得した宛先一覧にある宛先の分だけ6から7を繰り返す
9	Outlook を閉じる

▶ フロー図

この業務の流れをフロー図にすると、以下のようになります。

図 **この章で自動化する業務のフロー図**

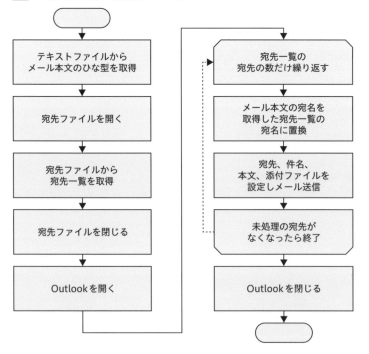

新しいフローの作成

業務フロー図を参考に、Power Automateでアクションを登録していきましょう。まずは、「メールの送信を自動化してみよう」という新しいフローを作成します。

STEP 1 新しいフローを作成する

Power Automateを起動して、「＋新しいフロー」をクリックします❶。

フロー名に「メールの送信を自動化してみよう」と入力し❷、「作成」ボタンをクリックします❸。

フローデザイナーが起動しますので、次節からフローを作成していきましょう。

7-2 ファイルからテキストデータを取得する

まずは、メールを作成するためのデータを取得するフローを作成します。1つは、使用するサンプルのテキストファイルからメール本文に使用するひな型のテキストを取得します。もう1つは、Excelファイルからメールの送信先のアドレスと宛名のデータを取得します。

▶ テキストファイルからメール本文のデータを取得する

この操作ではファイルからテキストを読み取り、変数として格納します。この操作で使うアクションは、メールの本文や報告文書のテンプレートなどを持ったテキストファイルからテキストデータを取得したいときに使えるアクションです。

STEP 1 「ファイルからテキストを読み取る」アクションをドラッグ＆ドロップする

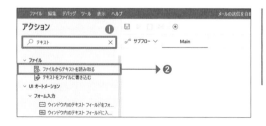

アクションの検索ボックスで「テキスト」と入力して❶、「ファイルからテキストを読み取る」アクションをワークスペースにドラッグ＆ドロップします❷。

STEP 2 「ファイルパス：」を設定する

「ファイルパス：」にはサンプルファイルの「メール本文.txt」を設定します。

設定画面が開いたら、「ファイルパス：」項目の「ファイルの選択」アイコンをクリックします❶。

「ファイルの選択」画面で、デスクトップに置いた「7章」フォルダーにある「メール本文.txt」を選択し❷、「開く」ボタンをクリックします❸。

「内容の保存方法:」項目は「単一のテキスト値」、「エンコード:」項目は「UTF-8」に設定し❹、「生成された変数」は「FileContents」のまま、「保存」ボタンをクリックします❺。

これで、メール本文のテキストを変数「FileContents」の値として取得するフローができました。

> **MEMO** 「エンコード:」とは、テキストの文字コードの指定です。文字コードとは、コンピューターなどで文字を扱う場合に、文字に対して持っている符号のことであり、どのようにして表現するかを定めるために使用します。目的のデータを変換することをエンコーディングといい、文字のエンコードとはテキストファイルなどを読み込む際にどのように変換して読み込むのかを指定するものです。UTF-8やShift_JISなどはエンコーディング方式とよばれたりします。上の操作では、元のテキストファイルの文字コードがUTF-8になっているので、UTF-8のまま使用します。

Excel ファイルから宛先のデータを取得する

次にExcelファイルから送付先メールアドレスや宛名のデータを取得しま

定型メールの一斉送信を自動化する

す。6章で行ったように、Excelファイルからデータを一括で取得し、1つひとつのデータをメールに繰り返し適用させるフローを作成します。

▶STEP 1 「Excelの起動」アクションと「Excelを閉じる」アクション
を登録する

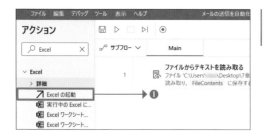

「Excelの起動」アクションを
ワークシートの一番下にド
ラッグ＆ドロップします❶。

「Excelの起動:」項目は「次の
ドキュメントを開く」を選択
し❷、「ドキュメントパス:」
項目はデスクトップの「7章」
フォルダーにある「宛先リス
ト.xlsx」を選択します❸。
それ以外の項目は規定値のま
まで「保存」ボタンをクリッ
クします❹。

忘れないように「Excelを閉じる」アクションも先に登録しておきます。

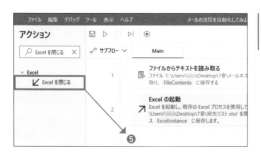

「Excelを閉じる」アクション
をワークスペースの一番下に
ドラッグ＆ドロップします❺。

ファイルの保存などはせずに終了すればよいので、規定値のまま「保存」ボタンをクリックします❻。

STEP 2　「Excelワークシートから読み取る」アクションを登録する

開いた「宛先リスト.xlsx」からメールアドレスと宛名のデータを取得します。

「Excelワークシートから読み取る」アクションを「Excelの起動」アクションと「Excelを閉じる」アクションの間にドラッグ＆ドロップします❶。

開いた設定画面で、「取得:」項目は「ワークシートに含まれる使用可能なすべての値」を選択します❷。
「詳細」を展開し❸、「範囲の最初の行に列名が含まれています:」を有効にして❹、「保存」ボタンをクリックします❺。

MEMO「生成された変数」が「ExcelData」なのを確認しておきましょう。

193

STEP 3 読み取ったデータを繰り返し処理する「For each」アクションを登録する

Excel ファイルから読み取ったデータを、1つずつ繰り返し処理できるようにしていきます。

「For each」アクションを、ワークシートの一番下にドラッグ＆ドロップします❶。

設定画面の「反復処理を行う値:」項目は、Excel ファイルから取得した変数「%ExcelData%」を選択し❷、「保存」ボタンをクリックします❸。

📋 MEMO 「保存先:」項目が「CurrentItem」になっていることを確認しておきましょう。

　これで、メールを作成するための本文のテキストと宛名と送付先アドレスを取得するフローができました。

7-3 テキストを置換する

　本節では、テキストを置換する操作のフローを作成します。「メール本文.txt」から取得したテキスト文の「【宛名】」部分を、Excel ファイルの「宛先リスト.xlsx」から読み取ったデータを基に、各送り先の名前に置換します。

図　テキストファイル本文（変数FileContens）の【宛先】部分を宛先リストの宛名に置換

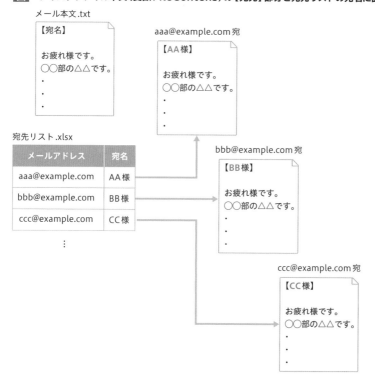

メール本文のテキストを繰り返し置換する

　テキストの置換は宛先リストの宛先分だけ繰り返し処理するので、7-2節で登録した繰り返し処理の中に配置します。アクションでは、置換対象となるファイルとテキスト、置換後のテキストを設定します。

「テキストを置換する」アクションを登録する

「テキストを置換する」アクションを、「For each」アクションと「End」アクションの間にドラッグ＆ドロップします❶。

「解析するテキスト:」に「メール本文.txt」から読み取った変数「%FileContents%」、「検索するテキスト:」に「【宛名】」、「置き換え先のテキスト:」に「%CurrentItem ['宛名']%」を設定します。

「解析するテキスト:」項目は「%FileContents%」を選択し❷、「検索するテキスト:」項目は「【宛名】」と入力します❸。

「置き換え先のテキスト:」項目には「%CurrentItem ['宛名']%」と入力して❹、「保存」ボタンをクリックします❺。

MEMO「生成された変数」が「Replaced」なのを確認しておきましょう。

これで、メール本文の【宛名】部分が、各メールの宛先ごとに指定されたものになります。

196

Outlookの起動・終了

ここからはメーラーのOutlookを使った操作を自動化していきます。Power AutomateにはOutlookのアクションもいくつか用意されており、メールの作成だけではなく、メールフォルダーへ移動したり削除したりする操作を自動化することができます。

Outlookの起動と終了

まずは、「Outlookを起動します」アクションを使って、Outlookを起動する操作を自動化します。そして、終了のアクションも追加します。多くの場合、アプリケーションソフトを起動すると終了操作も必要になるので、同時に設定する習慣をつけておくとよいでしょう。

また、今回のフローでは、宛先の数だけ繰り返す処理の前にOutlookを起動し、繰り返し処理が終わったら終了するようにします。

STEP 1 「Outlookを起動します」アクションを登録する

「Outlookを起動します」アクションを、「For each」アクションの上にドラッグ＆ドロップします❶。

開いた設定画面では、設定は
そのままで、「保存」ボタンを
クリックします❷。

STEP 2 「Outlookを閉じます」アクションを登録する

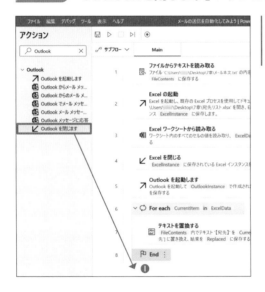

「Outlook を閉じます」アク
ションは、「End」アクション
の下にドラッグ＆ドロップし
ます❶。

設定はそのままで、「保存」ボ
タンをクリックします❷。

🖳 **MEMO** インスタンスの
「%OutlookInstance%」は
「Outlookを起動します」アクショ
ンを登録したときに生成された
変数です。

Tips なぜ「For each」アクションの前で Outlook を起動し、
「End」アクションの後で閉じるのか

　もし、「For each」アクションと「End」アクションの間に Outlook の起動と終了の
アクションを登録すると、メールを送信するたびに Outlook を起動し直す動きを行っ
てしまいます。毎回 Outlook の起動と終了をする必要はないので、Outlook の起動は
繰り返し処理の前、Outlook を閉じるのは繰り返し処理の後、という配置にしておきま
しょう。

図　Outlookのアクションが繰り返し処理の外にある場合

↗ **Outlook を起動します**
Outlook を起動して OutlookInstance で作成されたインスタンスを保存する

⟳ **For each** CurrentItem in ExcelData

　テキストを置換する
　FileContents 内でテキスト '【宛先】' を CurrentItem ['宛先'] に置き換え、
　結果を Replaced に保存する

　Outlook からのメール メッセージの送信
　件名 'レポートの送付' で CurrentItem ['メールアドレス'] にメールを送信します

⚑ **End**

↙ **Outlook を閉じます**
OutlookInstance に保存されている Outlook インスタンスを閉じます

- Outlook 起動
- メール送信1
- メール送信2
- メール送信3
- Outlook 閉じる

図　Outlookのアクションが繰り返し処理の中にある場合

⟳ **For each** CurrentItem in ExcelData

　↗ **Outlook を起動します**
　Outlook を起動して OutlookInstance で作成されたインスタンスを保存する

　テキストを置換する
　FileContents 内でテキスト '【宛先】' を CurrentItem ['宛先'] に置き換え、
　結果を Replaced に保存する

　Outlook からのメール メッセージの送信
　件名 'レポートの送付' で CurrentItem ['メールアドレス'] にメールを送信します

　↙ **Outlook を閉じます**
　OutlookInstance に保存されている Outlook インスタンスを閉じます

⚑ **End**

- Outlook 起動
- メール送信1
- Outlook 閉じる
- Outlook 起動
- メール送信2
- Outlook 閉じる
- Outlook 起動
- メール送信3
- Outlook 閉じる

7-5　メールを作成して送信する

　メールを作成する準備が整ったので、Outlookで新規メールを作成し、送信するフローを作成していきましょう。

▶ Outlookからメールを送信する

　Outlookでメールを作成して送信する操作は、1つのアクションで自動化できます。設定画面で、宛先、件名、本文、添付ファイルなどを設定します。

STEP 1　「Outlookからのメールメッセージの送信」アクションを
ドラッグ＆ドロップする

　Outlookでメールを作成し、送信するには、「Outlookからのメールメッセージの送信」アクションを使います。このアクションを繰り返し処理の中に登録します。

「Outlookからのメールメッセージの送信」アクションを、繰り返し処理の中の、「テキストを置換する」アクションの下にドラッグ＆ドロップします❶。

200

STEP 2 「アカウント：」「宛先：」「件名：」「本文：」「添付ファイル：」
を設定する

「アカウント：」は、Outlook に設定している自分のアカウント、「宛先：」は
「%CurrentItem ['メールアドレス']%」、「件名：」は「〇〇の件」（すべてのメー
ルで同じになります）、「本文：」は、7-3 節で取得した宛名付きのメール本文で
ある変数「%Replaced%」、「添付ファイル：」は、6 章で作成した「結果_2022.
xlsx」を設定します。

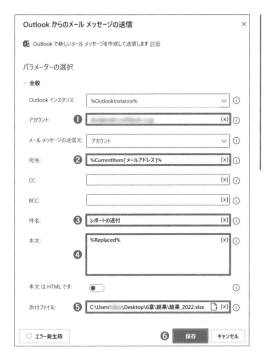

「アカウント：」項目は、Outlook
に設定している自分のアカウン
トを入力し❶、「宛先：」項目
は、「%CurrentItem ['メール
アドレス']%」と入力します❷。
「件名：」項目は、任意で「〇〇
の件」などと入力し❸、「本
文：」項目は「%Replaced%」
を選択します❹。「添付ファイ
ル：」項目は「結果_2022.
xlsx」を選択して❺、「保存」
ボタンをクリックします❻。

Tips ファイルアイコンの種類

📄：1 つのファイルを選択する場合は、このアイコンをクリック

📁：添付したいファイルが複数ある場合、特定のフォルダーの中にファイルをまとめ
てからこのアイコンをクリック

メール送信のフローを実行してみると、Outlook から以下の図のようなポップアップが出ることがあります。これは、Outlook からメール送信中に閉じようとしている際に表示されるポップアップです。メールをすぐに送信しない設定にしている場合などに表示されます。エラーとなることはありませんが、ポップアップが出なくなるような対策としては、次の STEP3 のように待機を入れることで回避することができます。

図 メール送信の際に出るポップアップ

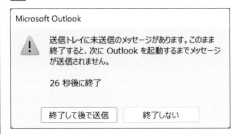

STEP 3 「Wait」アクションを登録する

「Wait」アクションを使って、アクションとアクションの間に待機をいれます。

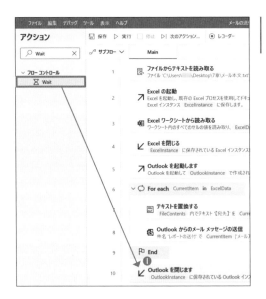

「Wait」アクションを、「Outlook を閉じます」アクションの上にドラッグ＆ドロップします❶。

次のアクションの前に操作を一時停止する時間を秒数で指定します。本書では10秒と設定し❷、「保存」ボタンをクリックします❸。

MEMO 「期間:」項目は秒で指定します。実際のOutlookの送信タイミングに合わせて調整してください。

　以上で、この業務のフロー全体の設定は完了です。以下の図の画面と実際に作成したフローや変数が合っているか確認しましょう。

　11個のアクションで、メールの本文取得や宛名の変更、メールの送信ができるようになりました。作成は簡単にできますが、社外向けのメールなどを作成する場合には細心の注意をしてください。

それでは、7章で作成したフローを実行して、問題なく作成できているか確認しましょう。

作成したフローを実行して確認する

フローデザイナーのツールバーの「実行」ボタンで、1つ目のアクションから最後のアクションまでを一通り実行した後、送信元のOutlookの送信済みフォルダーにメールが保存されているか、件名や本文の宛名が設定どおりになっているか確認してみましょう。

送り先に自分のメールアドレスを指定してあれば、そのメールアドレスの受信フォルダーも確認してみてください。メールが届いていない場合などは、フローデザイナーの実行後にエラーが出ていないか、設定は合っているかをもう一度見直しましょう。

図　送信されたメール

図 フロー実行後のフローデザイナー

▶ 7章のまとめ

本章では、以下の8個の操作を自動化しました。

①テキストファイルからメール本文のテキストを取得する処理

②Excelを起動してファイルを開く処理

③Excelファイルから宛名と宛先（メールアドレス）のデータを取得する処理

④Excelを閉じる処理

⑤Outlookを起動する処理

⑥取得した本文テキストの宛名部分を繰り返し各宛先の名前へ置換する処理

⑦メールを作成しExcelファイルを添付して、送信する処理

⑧Outlookを閉じる処理

業務レベルで作成したフローと実際にPower Automateで作成したフローを比較すると以下のようになります。

表　業務フローと使用したアクションの比較

	業務フローの操作	使用したアクション
1	テキストファイル「メール本文.txt」からメール本文のひな型を取得する	ファイルからテキストを読み取る 7-2節
2	「宛先リスト.xlsx」を開く	Excel の起動 7-2節
3	宛先一覧を取得する	Excel ワークシートから読み取る 7-2節
4	「宛先リスト.xlsx」を閉じる	Excel を閉じる 7-2節
5	Outlook を起動する	Outlook を起動します 7-4節
6	メール本文の宛名を取得した宛先一覧データの宛名に置換する	For each 7-2節 テキストを置換する 7-3節
7	宛先、件名、本文、添付ファイルを設定し、メールを送信する	Outlook からのメールメッセージの送信 7-5節 Wait 7-5節
8	Outlook を閉じる	Outlook を閉じます 7-4節

7章ではOutlookを使った定型メールの送信業務を自動化しました。ファイルからテキストを取得するフローや、テキストを置換するフローなどはメール業務に限らず文書の作成にも役立つものです。

ただし、メールを送信する操作を自動化する際には、間違った宛先に送信されていたとしてもフローが最後まで実行できればエラーにならず、誤送信に気づかないこともあるので、宛先の参照元となるデータは十分注意して利用しましょう。

POINT　メールの自動化において気をつけたい点

Power Automate ではメールを下書きに保存をするアクションがありません。一度実行をしてしまうと送信されてしまうので、外部（社外）へのメール送信を行う場合は、上記のような誤送信などを防ぐために Outlook の機能を使って即時送信をしないように設定をしておくか、クリックなどの UI 操作を使用して下書きに保存するようにしておいた方がよいでしょう。

第 8 章

業務でよくある操作に使える
便利なアクション

　これまでの自動化で紹介しきれなかった、日常業務でよくやっている作業の
自動化に役立つPower Automate のアクションや機能、設定のコツなどを紹介
します。7章までのアクションとあわせて確認しておきましょう。

▶ **この章でわかること**
- 変数の設定
- ファイル操作・フォルダー操作
- テキスト操作
- Excel操作
- 条件分岐
- アプリケーション操作・ブラウザー操作

8-1 変数と設定について

本節では、変数に関するアクションについていくつか紹介します。

「変数の設定」アクション

「変数の設定」アクションは6-7節でも紹介したように、自分で後から使うための値を変数に格納できます。

これまでの章での変数は、「Excelの起動」アクションや「ファイルからテキストを読み取る」アクションなどから生成された変数として取得してきました。「変数の設定」アクションでは自動的に生成されるものではなく、自らが使用したい値を格納しておくことが可能です。

そもそも「変数」とは、変化する値です。ある値を利用した操作を実行したときに、値が変化するため、本来ならば設定も値によって変えなければならないところを「変数」という箱に格納することで、設定自体を変更する必要がなくなります。

「変数:」には、後から使うための変数の名前を設定します。「値:」には、格納したいデータを設定します。

以下の設定画面では、「Counter」という変数に「1」というデータを格納しています。

図 「変数の設定」アクションの設定画面

▶ 「変数を大きくする」アクション

「変数を大きくする」アクションは、数値のデータが入った変数の値を大きくすることができます。一時的に格納した値を変更したいときに便利です。

以下の設定画面では変数「Counter」の値に「2」を加算しています。なお、Power Automateでは、変数名を指定するときには、前後を「%」で囲むことを忘れないようにしましょう（P.115参照）。

図　「変数を大きくする」アクションの設定画面

▶ 「変数を小さくする」アクション

「変数を小さくする」アクションは、数値のデータが入った変数の値を小さくすることができます。

以下の設定画面では変数「Counter」の値から「3」を減算しています。

図　「変数を小さくする」アクションの設定画面

業務でよくある操作に使える便利なアクション

8

ファイル操作・フォルダー操作

ファイルやフォルダー操作に関するアクションをいくつか紹介します。

「ファイルパス部分を取得」アクション

「ファイルパス部分を取得」アクションは、ファイルパスからファイル名や格納されているフォルダーパスを取得するアクションです。6-6節で使用したようにファイル型変数から取得することもできるので、その時々に応じて、アクションを使用するか変数から取得するか選択しましょう。どこに格納されているかの情報が必要であればDirectoryを取得するように設定し、ファイルの拡張子の情報が必要であればFileExtensionを取得するように設定します。設定画面の「ファイルパス:」に、取得したいファイルのパスを設定します。

表

デフォルトの変数名	変数の型	概要
RootPath	フォルダー型	ドライブフォルダー
Directory	フォルダー型	ファイルが格納されているフォルダー
FileName	テキスト値	ファイル名
FileNameNoExtension	テキスト値	拡張子なしのファイル名
FileExtension	テキスト値	拡張子

図 「ファイルパス部分を取得」アクションの設定画面

　この設定画面の「生成された変数」に、取得される変数名が表示されています。前の設定画面の「ファイルパス:」の設定だと、それぞれの変数では以下の表の値が得られます。

表　取得される変数の値

デフォルトの変数名	変数の型	値
RootPath	フォルダー型	C:\
Directory	フォルダー型	C:\Users****\Desktop\7章
FileName	テキスト値	メール本文.txt
FileNameNoExtension	テキスト値	メール本文
FileExtension	テキスト値	.txt

「\」(バックスラッシュ) は Windows では「¥」マークで表示されることもあります。

「フォルダーを空にする」アクション

　「フォルダーを空にする」アクションはフォルダーを残したまま、フォルダー内にあるサブフォルダーとファイルをすべて削除するアクションです。設定画面の「空にするフォルダー:」に中身を削除したいフォルダーを設定します。フローの最初にフォルダー内を何もない状態にする、といったときに利用できます。

図　「フォルダーを空にする」アクションの設定画面

「ZIP ファイル」アクション

「ZIP ファイル」アクションは ZIP ファイルへ圧縮するアクションです。「アーカイブパス:」に圧縮した ZIP ファイルのファイルパスを設定します。「圧縮するファイル:」に圧縮を行うファイルまたはフォルダーを設定します。ファイルやフォルダーは複数設定できます。「圧縮レベル」には高圧縮率にするのか、圧縮時間を短時間にするのか、などの圧縮のレベルを設定できます。「パスワード:」には、解凍する際に必要となるパスワードを設定できます。何も設定しなくてもかまいません。「アーカイブコメント:」には、ZIP ファイルに残すコメントを設定できます。

以下の設定画面では、デスクトップに格納されている「圧縮したいフォルダ」を「圧縮した Zip ファイル.zip」というファイル名でデスクトップに保存します。

図 **「ZIP ファイル」アクションの設定画面**

「ファイルの解凍」アクション

「ファイルの解凍」アクションは、ZIP ファイルを解凍（展開）するアクションです。

「アーカイブパス:」に解凍する ZIP ファイル、「宛先フォルダー:」に解凍先

のフォルダーを設定します。「パスワード:」には、圧縮時にパスワードがかかっている場合に、解凍に使用するパスワードを設定します。

　「包含マスク:」と「除外マスク:」には、解凍するファイルのフィルターを設定できます。包含マスクはホワイトリスト、除外マスクはブラックリストという認識でよいでしょう。たとえば、包含マスクにワイルドカードを使って「*.txt」と設定した場合、ZIPファイル内の「.txt」拡張子を持ったファイルのみが解凍されます。反対に、除外マスクに「*.txt」と設定した場合は、ZIPファイル内の「.txt」拡張子を持つファイル以外が解凍されます。

　このアクションは、「宛先フォルダー:」で指定した場所に、すでに同名のファイルが存在していた場合、上書きされるので注意が必要です。

　以下の設定画面では、デスクトップに格納されている「解凍するZipファイル.zip」を、デスクトップの「解凍先」というフォルダーに、「.txt」拡張子を持つファイル以外を解凍します。

図　「ファイルの解凍」アクションの設定画面

「特別なフォルダーを取得」アクション

　ドキュメントやデスクトップ、ピクチャなど、Windowsのセットアップを行った際に作成されるフォルダーには、端末にログインしたユーザーによって、「C:\Users\○○○○」のようにフォルダーを指定するパスが置き換わるものが存在します。

「特別なフォルダーを取得」アクションは、ログインするユーザーのアカウントが変わっても使用できるフォルダーのパスを作成することができます。

図 **「特別なフォルダーを取得」アクションの設定画面**

本書でもサンプルデータをデスクトップに置いて使用しました。上の設定画面では「特別なフォルダーを取得」アクションで、Windowsのログインユーザーのデスクトップのパスを、変数「SpecialFolderPath」に取得しています。この変数を使ってフォルダーパスを設定することができます。

たとえば、以下の設定画面の変数「Path」の「値:」では、「%SpecialFolderPath +'\\8章'%」として、「C:\Users\XXXX\Desktop\8章」へのパスを指定しています。

図 **フォルダーパスの設定画面**

8-3 テキスト操作

本節では、テキスト操作で便利なアクションを4つ紹介します。

「テキストを置換する」アクション

「テキストを置換する」アクションは7章で使ったように、テキストを置換できるアクションです。設定項目が多いので改めて詳しく紹介します。

設定画面の「解析するテキスト:」に置換を行うテキストファイルなどを設定し、「検索するテキスト:」には置換したい文字を設定します。「検索と置換に正規表現を使う:」にテキストを検索する際に、正規表現（P.217参照）を用いるかを設定します。「大文字と小文字を区別しない:」でテキストを検索する際に、大文字と小文字を区別するかを設定します。「置き換え先のテキスト:」に置換後の文字を設定します。置換する文字にエスケープシーケンスを使用する場合は、「エスケープシーケンスをアクティブ化:」の設定を有効にします。

以下の設定画面では、「東京都千代田区」という文字列から「千代田」を「渋谷」に置換します。

図　「テキストを置換する」アクションの設定画面

215

▶ 「テキストの分割」アクション

「テキストの分割」アクションは、テキストを指定された区切り文字または正規表現で分割して、リストに保存するアクションです。

設定画面の「分割するテキスト:」に分割を行う文字列を設定します。「区切り記号の種類:」に「分割するテキスト:」に設定した文字列をどのように分割するか設定します。選択肢は次の3つあります。

▶「区切り記号の種類:」が「標準」の場合

「標準の区切り記号:」に「スペース」「タブ」「新しい行」の中から区切り記号を設定します。「回数:」に区切り記号が何回連続で出てきたら分割するかを設定します。

以下の設定画面では、「東京都　千代田区」という文字列を1つ目のスペースで分割します。

図 「標準」の場合の設定画面

テキストの分割　　　　　　　　　　　　　　　　　　　　　　　　×

テキストを指定された区切り文字または正規表現で区切った部分文字列で一覧を作成する 詳細

パラメーターの選択

∨ 全般

分割するテキスト:　　東京都　千代田区　　　　　　　　　　{x} ⓘ

区切り記号の種類:　　標準　　　　　　　　　　　　　∨　ⓘ

標準の区切り記号:　　スペース　　　　　　　　　　　∨　ⓘ

回数:　　　　　　　　1　　　　　　　　　　　　　　{x} ⓘ

> 生成された変数　TextList

♡ エラー発生時　　　　　　　　　　　　　　保存　　キャンセル

▶「区切り記号の種類:」が「カスタム」の場合

「カスタム区切り記号:」に区切り記号を設定します。「正規表現である:」の設定を有効にすると、設定した区切り記号が正規表現として認識されます。

以下の設定画面では、「東京都千代田区」という文字列を「都」という文字で分割し「東京」と「千代田区」の2つに分割してします。区切り文字で使用したものは結果から除外されるということも覚えておきましょう。

図　**「カスタム」の場合の設定画面**

> **Tips** **正規表現**
>
> 正規表現とは、いくつかの文字列を1つの文字列として表現する方法です。Power Automate では、文字列のパターンマッチングを行うために使用されます。
> 正規表現を使いこなせばさまざまな指定ができますが、本書では解説しきれないため、詳しくはプログラミング解説書籍やインターネットの情報を参照してください。
> たとえば、郵便番号を正規表現でマッチングする場合、「^[0-9]{3}-[0-9]{4}$」となります。「^」が文字列の先頭を表し、「[0-9]」が数字の0から9、「{3}」が3桁、「-」がハイフン、「[0-9]{4}」で4桁の数字、「$」が文字列の終わりを表しています。

▶「区切り記号の種類:」が「文字数」の場合

「幅を分割する:」に何文字で分割するかを設定します。改行文字、各種記号も1文字扱いなのでそれを確認したうえで設定します。

以下の設定画面では、「東京都千代田区」という文字列を5文字目で分割し「東京都千代」と「田区」の2つに分割します。

「クリップボードテキストを設定」アクション

「クリップボードテキストを設定」アクションは、クリップボードに保存するテキストを設定するものです。「クリップボードテキスト:」に、格納するテキストを入力します。

以下の設定画面では、クリップボードに「東京都千代田区」というテキストを格納しています。

図 「クリップボードテキストを設定」アクションの設定

MEMO クリップボードに格納されているテキストを取得するものに「クリップボードテキストを取得」アクションがあります。このアクションでは取得したテキストを変数に格納します。

▶ 「キーの送信」アクション

「キーの送信」アクションはキーボード操作を送信するアクションです。キーボードショートカットを使用する場合に使うことが多いアクションです。

「キーの送信先:」にどこでキーを送信するか、「送信するテキスト:」にどういうキー操作を行うかを設定します。

以下の設定画面では、ウィンドウに「Ctrl + V」をしています。

業務でよくある操作に使える便利なアクション

図 「キーの送信」アクションの設定

通常、Webやアプリに文字を入力する場合、「ウィンドウ内のテキストフィールドに入力する」アクションや「Webページ内のテキストフィールドに入力する」アクションを使用します。しかし、システムによってはうまく入力できないものが出てくることがあります。その際のフロー作成の選択肢の1つとしてクリップボードに格納した値をショートカット（Ctrl + V）を使って貼り付けるという方法が使えると自動化の幅が広がります。

Excel操作の中で、便利なアクションを3つ紹介します。

「アクティブなExcelワークシートの設定」アクション

「アクティブなExcelワークシートの設定」アクションは、Excelファイル内に複数のシートが存在している場合に、アクティブなシートを設定するために使用します。

設定画面の「次と共にワークシートをアクティブ化:」で「インデックス」または「名前」から選んで設定します。

▶「次と共にワークシートをアクティブ化:」が「インデックス」の場合

アクティブ化するシートが何番目に存在しているかを設定します。「ワークシートインデックス:」に左から何番目のシートなのか数値を設定します。

以下の設定画面では、Excelファイルの左から2シート目をアクティブなシートに設定しています。

図 「インデックス」の場合の設定画面

▶「次と共にワークシートをアクティブ化：」が「名前」の場合

　アクティブ化するシート名を設定します。「ワークシート名:」にワークシートの名前を設定します。

　以下の設定画面では、Excelファイルの「2022年度」というシートをアクティブなシートに設定しています。

図　「名前」の場合の設定画面

アクティブな Excel ワークシートの設定　　　　　　　　　　　×

　Excel インスタンスの特定のワークシートをアクティブ化します 詳細

パラメーターの選択

> 全般

Excel インスタンス:　　　%ExcelInstance%　　　　　　　∨　ⓘ

次と共にワークシートをアクティブ化:　名前　　　　　　　∨　ⓘ

ワークシート名:　　　　　2022年度　　　　　　　　{x}　ⓘ

♡ エラー発生時　　　　　　　　　　　保存　　キャンセル

「Excelワークシートの名前を変更」アクション

　「Excelワークシートの名前を変更」アクションはワークシートの名前を変更するために使用します。

　設定画面の「ワークシートの名前を次に変更:」で「インデックス」または「名前」から選んで設定します。

▶「ワークシートの名前を次に変更:」が「インデックス」の場合

　名前を変更するシートが左から何番目に存在しているかで指定します。「ワークシートインデックス:」に左から何番目のシートなのか数値を設定します。

　次の設定画面では、左から1番目にあるシートの名前を「aaa」に変更するという設定になります。

▶「ワークシートの名前を次に変更：」が「名前」の場合

　名前を変更するシート名を設定します。「ワークシート名：」にワークシートの名前を設定します。「ワークシートの新しい名前：」に変更後のシート名を設定します。

　以下の設定画面では、「aaa」というシートの名前を「bbb」に変更するという設定になります。

図　「名前」の場合の設定画面

「Excelワークシートから最初の空の列や行を取得」アクション

このアクションはワークシート内の最初の空の列、行を取得するアクションのため、既存のExcelファイルにデータを追記する場合に使用すると便利なアクションです。

以下の設定画面では、生成された変数「FirstFreeColumn」に最初の空の列、変数「FirstFreeRow」に最初の空の行の位置情報が格納されます。

図 「Excelワークシートから最初の空の列や行を取得」アクションの設定画面

たとえば、次ページの2つの図の場合、どちらも変数「FirstFreeColumn」には「14」が値になり、変数「FirstFreeRow」は「6」が値として取得されます。

2つ目の図「空白のあるワークシートの例」では8月の列（I列）は空白ですが、I列以降にもデータが入ったセルがあれば、そこまでの空白も含めてカウントされます。どちらの図もM列の5行目までデータがあるので、「列」は14列目、「行」は6行目とカウントされるのです。また、Excelシート上で「 Ctrl ＋ End 」のショートカットを押すと、データが入力された最後のセルに移動することができます。その位置がこのアクションでデータが入っている最後のセルとして判断する値になります。

図 空白のないExcelワークシートの例

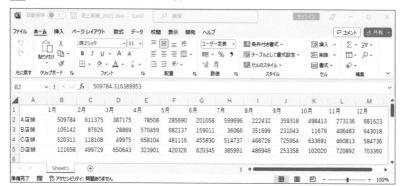

図 空白のあるExcelワークシートの例

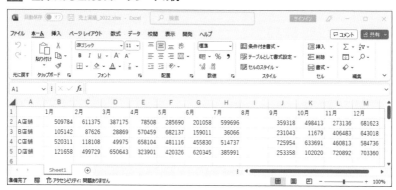

8-5 条件分岐

条件分岐するフローを作成するアクションを紹介します。本書では使っていませんが、6章のフォルダーがあるときとないときで動作を変えたように、条件に合った場合と合わない場合に次の動作をどうするかを設定できるアクションです。

「If」アクション

「If」アクションは「最初のオペランド:」と「2番目のオペランド:」に設定された変数や値を、「演算子:」に設定された比較内容で比較をするアクションです。オペランドとは数式の中で演算子(「＋」や「−」など)ではない要素のことです。たとえば、「1 + 1」の場合、2つの「1」がオペランドです。

「最初のオペランド:」に比較する変数や値を設定し、「演算子:」に比較する条件を設定して、「2番目のオペランド:」に比較対象の変数や値を設定します。5章や6章、7章で何度も使用した「For each」と同様に、「If」アクションを登録すると自動的に下に「End」アクションも登録されます。

以下の設定画面では、「5」と「3」を比較し「5は3より大きい」か判断します。通常、片方のオペランドには変数が入ります。

図 「If」アクションの設定画面

「If」アクションで設定する「演算子:」には、14個の条件項目があり、演算子で選択した条件で比較を行います。

225

と等しい（＝）	最初のオペランドは2番目のオペランドと等しい
と等しくない（＜＞）	最初のオペランドは2番目のオペランドと等しくない
より大きい（＞）	最初のオペランドは2番目のオペランドより大きい
以上である（＞＝）	最初のオペランドは2番目のオペランド以上である
より小さい（＜）	最初のオペランドは2番目のオペランドより小さい
以下である（＜＝）	最初のオペランドは2番目のオペランド以下である
次を含む	最初のオペランドは2番目のオペランドを含む
次を含まない	最初のオペランドは2番目のオペランドを含まない
空である	最初のオペランドは空である
空でない	最初のオペランドは空でない
先頭	最初のオペランドの先頭は2番目のオペランド
先頭が次でない	最初のオペランドの先頭は2番目のオペランドでない
末尾	最初のオペランドの末尾は2番目のオペランド
末尾が次でない	最初のオペランドの末尾は2番目のオペランドでない

▶ 「Else if」アクション

　「Else if」アクションは「If」アクションと一緒に使うアクションです。「If」アクションに設定した条件に当てはまらなかったとき、別の条件で処理を分岐させる場合に使用します。「Else if」アクションは「If」アクションと「End」アクションの間に配置します。設定項目は「If」アクションと同様です。

図 「Else if」アクションの設定画面

「Else」アクション

　「Else」アクションも「If」アクションと一緒に使用します。「If」アクション
の条件や「Else if」アクションの条件いずれにも該当しなかった場合に実行さ
れるアクションです。「Else」アクションは「If」アクションと「End」アクショ
ンの間に配置し、「If」アクションと「End」アクションの間に「Else if」アク
ションがある場合には、「Else if」アクションよりも下に配置します。設定項
目はありません。

　「If」アクション、「Else if」アクション、「Else」アクションを組み合わせた
フローの例は以下の通りです。「count」変数の値によって分岐をします。変
数「count」が2、3、4、5以上のときはそれぞれ対応するIf/Else ifへと処理
が流れますが、それ以外のときにはElseへと処理が流れます。

図　**「If」アクション「Else if」アクション「Else」アクションを使用した例**

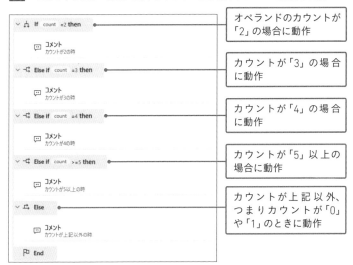

「Switch」アクション

　「Swtich」アクションは、「チェックする値:」に設定された変数にどのよう
な値が入っているのかを、次に紹介する「Case」アクションで確認し、処理

業務でよくある操作に使える便利なアクション

8

を分岐させるアクションです。「For each」と同様に、「Switch」アクション
を登録すると自動的に下に「End」アクションも登録されます。

　以下の設定画面では、この「Switch」アクションで変数「count」の値を
チェックして分岐するという設定をしています。

図　**「Switch」アクションの設定画面**

「Case」アクション

　「Case」アクションは「Switch」アクションと一緒に使用するアクションで
す。「Switch」アクションと「End」アクションの間に配置します。「Switch」
アクションで設定したチェックする値と「Case」アクションの「比較する値:」
に設定した値を、「演算子:」に設定された比較内容で比較をするアクション
です。

　以下の設定画面では、「Switch」アクションに設定したチェックする値が
「2と等しい」という条件を設定しています。

図　**「Case」アクションの設定画面**

▶ 「Default case」アクション

　「Default case」アクションも「Switch」アクションと一緒に使用します。「Case」アクションの条件のいずれにも該当しなかった場合に実行されるアクションです。「Case」アクションの下、「End」アクションの上に配置します。設定項目はありません。

　「Switch」アクション、「Case」アクション、「Default case」アクションを組み合わせたフローの例は以下の通りです。変数「count」の値によって分岐をします。変数「count」が2、3、4以上のときはそれぞれ対応するCaseへと処理が流れますが、それ以外のときにはDefault Caseへと処理が流れます。

図 「Switch」アクション「Case」アクション「Default case」アクションを使用した例

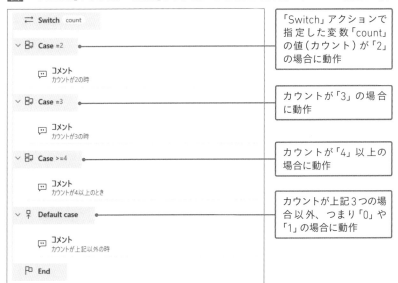

「Switch」アクションで指定した変数「count」の値（カウント）が「2」の場合に動作

カウントが「3」の場合に動作

カウントが「4」以上の場合に動作

カウントが上記3つの場合以外、つまり「0」や「1」の場合に動作

アプリケーション操作・ブラウザー操作

アプリケーション操作とブラウザー操作は使うアクションは違うものの、操作の内容は同じ、つまり設定項目がほとんど共通しているアクションがいくつかあります。

▶ 「ウィンドウにあるUI要素の詳細を取得する」アクション

「ウィンドウにあるUI要素の詳細を取得する」アクションは、要素に表示されているテキストや要素の有効状態を取得できます。「UI要素:」に調べたい要素を設定し、「属性名:」にどの情報を取得するかを設定します。

表 「属性名:」の設定項目

属性名	説明
Own Text	要素に表示されているテキスト
Exists	要素が存在するか否か
Location and Size	要素の位置とサイズ
Enabled	要素が有効か無効か

次の設定画面は、P.128の「Webページ上の要素の詳細を取得します」アクションですが、設定項目は「ウィンドウにあるUI要素の詳細を取得する」アクションとほとんど同じです。設定では、UI要素に表示されているテキストを取得します。

図　「Webページ上の要素の詳細を取得します」アクションの設定

MEMO 「ウィンドウにある UI要素の詳細を取得する」アクションの場合は、「Webブラウザーインスタンス:」の設定項目はありません。

「UI要素のスクリーンショットを取得する」アクション

「UI要素のスクリーンショットを取得する」アクションは、要素のスクリーンショットを取得するアクションです。「UI要素:」にスクリーンショットを取得したい要素を設定し、「保存モード:」にはクリップボードに格納するか、ファイルとして保存するかを設定できます。似たようなアクションで「スクリーンショットを取得」アクションがありますが、こちらはUI要素の指定ができない代わりに、画面全体のスクリーンショットなどを取れるので使い分けるとよいでしょう。

以下の設定画面では、設定したUI要素のスクリーンショットをクリップボードに格納します。

図　「UI要素のスクリーンショットを取得する」アクションの設定

「ウィンドウ内のチェックボックスの状態を設定」アクション

「ウィンドウ内のチェックボックスの状態を設定」アクションは、チェックボックスの状態を設定するアクションです。「チェックボックス :」に状態を変更したいチェックボックスの要素を設定し、「チェックボックスの状態を以下に設定する :」で有効／無効どちらにするかを設定します。

以下の設定画面では、設定したウィンドウ内のチェックボックスを有効にします。

図 「ウィンドウ内のチェックボックスの状態を設定」アクションの設定

MEMO「ウィンドウ内のチェックボックスの状態を設定」アクションと似ているアクションでは、「ウィンドウのラジオボタンをオンにする」アクションがあります。

付 録

ここでは、Power Automate を利用する上で必要な事前の準備に関する操作手順を解説します。必ずしもすべての読者に必要な操作ではありませんので、該当する方だけご参照ください。

Microsoft アカウントについて

デスクトップ向け Power Automate（Power Automate for desktop）を利用するには、Microsoft アカウントが必要になります。

Microsoft アカウントについて

Microsoft アカウントは、Windows 10 や Windows 11 を利用しているなら、OS のセットアップ時に取得したり、すでに取得しているアカウントで、Windows にログインしてパソコンを使っていることが多いと思います。すでに取得している Microsoft アカウントで Power Automate を利用するなら、2-2 節の Power Automate を最初に起動するときにサインインをするだけで、すぐに利用できます。

ここでは、何らかの理由でまだ Microsoft アカウントを取得していなかったり、デスクトップ向け Power Automate 用に新規の Microsoft アカウントを取得したい場合を考えて、新しい Microsoft アカウントの取得方法を紹介しておきましょう。

Microsoft アカウントを新規に取得する

Microsoft アカウントを新規に取得する場合には、すでに持っているプロバイダーやメールサービスなどのメールアドレスを使って取得する方法と、新規にマイクロソフトのメールサービスのメールアカウントを取得して登録する方法があります。大きな違いがあるわけではありませんが、Power Automate などのマイクロソフトのサービスや製品を使う場合には、マイクロソフトのメールサービスのアカウントを新規に取得するのをお勧めします。

▶ 新規のマイクロソフトのメールアドレスで Microsoft アカウントを取得する

まずは、ブラウザーを起動して、マイクロソフトの Microsoft アカウントのページへアクセスします。このページから「サインイン」をクリックして、新規に Microsoft アカウントを作成していきます。

📃 **Microsoft アカウントのページ**

URL：https://account.microsoft.com/

STEP 1 Microsoft アカウントの作成ページを開く

| Microsoft アカウントのページで「サインイン」をクリックします❶。

STEP 2 「新しいメールアドレスを取得」をクリックする

「アカウントの作成」画面で、「新しいメールアドレスを取得」をクリックします❶。

📝 **MEMO** すでに持っているメールアドレスを Microsoft アカウントにする場合は、この画面でメールアドレスを入力して「次へ」をクリックして進めます。

STEP 3 取得したいメールアドレスを入力する

取得したい自分用のメールアドレスを入力して、後ろの「@」以下はリストの「outlook.jp」「outlook.com」「hotmail.com」から選択して進めます。

自分用のメールアドレスを入力して❶、「@」以下はリストを開いて選択し❷、「次へ」ボタンをクリックします❸。

STEP 4 パスワードを作成する

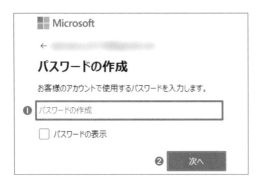

アカウント用のパスワードの設定になるので、自分が忘れないパスワードを入力して❶、「次へ」ボタンをクリックします❷。

STEP 5 ロボットでないことを確認してアカウントが作成される

ロボットではないことを確認するためにクイズが出されます。「次」ボタンをクリックして❶、クイズに答えれば、アカウントの作成は完了します。

　クイズに回答したら、Microsoftアカウントのページにサインインした画面の表示になります。これで新規のMicrosoftアカウントが作成できました。

図　Microsoft アカウントのページにサインインした画面

▶ 既存の自分のメールアドレスでMicrosoft アカウントを取得する

　すでに使っているプロバイダーやメールサービスなどのメールアドレスを、Microsoftアカウントにすることもできます。

　Microsoftアカウントのページを表示して、P.235のSTEP1の「サインイン」をクリックして進めるまでは先ほどと同じです。「アカウントの作成」画面から説明していきます。

STEP 1　自分のメールアドレスを入力する

自分のメールアドレスを入力して❶、「次へ」をクリックします❷。

MEMO アカウントに使うメールアドレスは、メールを受信できるものを使う必要があります。

アカウント用のパスワードの設定になるので、自分が忘れないパスワードを入力して❶、「次へ」ボタンをクリックします❷。

> **MEMO** ここで入力するのはMicrosoft アカウント用のパスワードで、元のメールアドレス用のパスワードとは別に管理が必要です。

STEP 3 メールで受信したコードを入力する

アカウントに使うメールアドレスに、セキュリティ確認用のコードが記載されたメールが送信されます。受信したメールに記載されたコードを入力して、Microsoftアカウントを作成します。

セキュリティ確認用のコードが記載されたメールを受信したら、そのコードを入力し❶、「次へ」をクリックします❷。

> **MEMO** コードが記載されたメールが受信できない場合は、迷惑メールフォルダーなどを確認するか、「もう一度お試しください」をクリックして、再度送信してみましょう。

　コードを入力して進めると、Microsoftアカウントのページがサインインされた状態で表示されます。このMicrosoftアカウントで、Power Automateにもサインインできます（2-2節参照）。

A-2　デスクトップ向け Power Automate の インストールについて

Windows 11では、デスクトップ向けPower Automateが標準でインストールされています。2-2節のように、スタートメニューからPower Automateを指定して起動するだけで、すぐに利用することができます。

Windows 10の場合には、デスクトップ向けPower Automate（Power Automate for desktop）のインストールが必要になります。インストールはMicrosoft Storeからでも可能ですが、ここではマイクロソフトのデスクトップ向けPower Automateのページから、インストーラーをダウンロードしてインストールする方法を紹介します。

また、インストール時にPower Automateからブラウザーを操作するための拡張機能の追加があります。拡張機能の追加は後からでも行えるので、その方法も紹介します。

▶ Windows 10 にデスクトップ向け Power Automate をインストールする

ブラウザーでデスクトップ向けPower Automateのページを開きます。

▤ デスクトップ向け Power Automate のページ

URL：https://powerautomate.microsoft.com/ja-jp/robotic-process-automation/

> **STEP 1** デスクトップ向け Power Automate のページを開く

「無料トライアルを始める」をクリックします❶。

Power Automateのインストール説明のページに移動します。「Download the Power Automate installer」のリンクを探して、クリックします。

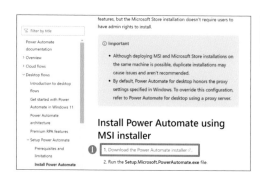

開いたページで、「Download the Power Automate installer」のリンクをクリックする❶。

これでインストーラーのダウンロードがはじまります。ダウンロードができたら、ダウンロードファイルの保存フォルダーを開き、インストーラーを実行します。原稿執筆時点のインストーラーのファイル名は、「Setup.Microsoft. PowerAutomate.exe」です。

STEP 3 インストールウィザードを進める

インストーラーを起動し、インストールウィザードを進めます。

インストーラーを実行すると、インストールウィザードが起動するので、「次へ」ボタンをクリックします❶。

STEP 4　マイクロソフトの使用条件に同意して進める

　次の画面はインストール先フォルダーやインストールパッケージの内容の設定です。基本的には標準のままでよいでしょう。一番下の「[インストール]を選択すると、Microsoftの使用条件に同意したことになります。」のチェックボックスにチェックすると、「インストール」ボタンが有効になるので、クリックしてインストールを開始します。

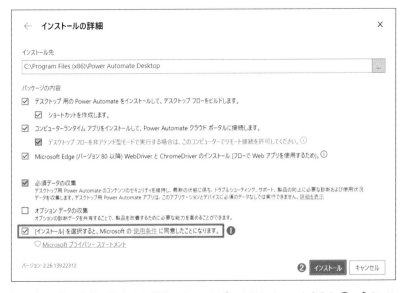

　一番下の使用条件に同意する項目のチェックボックスにチェックを入れ ❶、「インストール」ボタンが有効になったらクリックします ❷。

　インストールがはじまります。インストールの最初に「このアプリがデバイスに変更を加えることを許可しますか？」とメッセージが表示されたら、「はい」をクリックして同意し、インストールを続けましょう。

STEP 5　ブラウザーの拡張機能を有効化する

　「インストール成功」と表示されたらインストール完了です。次の画面の「1.拡張機能を有効化する」でブラウザーの拡張機能を有効化しておきましょう。本書ではChromeブラウザーを使うので、「Google Chrome」のリンクをクリックします。

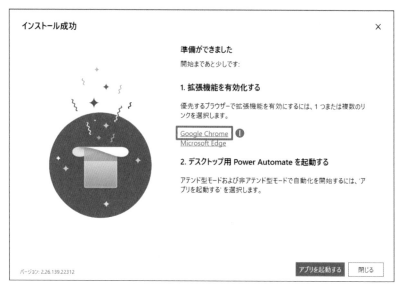

「インストール成功」と表示されたら完了です。
続いて、「1.拡張機能を有効化する」の「Google Chrome」のリンクをクリックします
①。

STEP 6 Chromeブラウザーで Power Automateの拡張機能を有効化する

Chromeブラウザーが起動して、Power Automateの拡張機能の画面が表示されます。「Chromeに追加」ボタンをクリックして、拡張機能を追加して有効化します。拡張機能を有効化したら、Chromeブラウザーを閉じましょう。

ChromeブラウザーでPower Automateの拡張機能の画面が表示されるので、「Chromeに追加」ボタンをクリックします①。

「「Microsoft Power Automate」を追加しますか？」と表示されるので「拡張機能を追加」をクリックします❷。
最後は同じGoogleアカウントでログインしているChromeでも、この拡張機能を有効にするかです。「同期を有効にする」をクリックします❸。

> **MEMO** 同期を有効にしたくないときには、メッセージ画面の右上の「×」（閉じる）ボタンで閉じます。

STEP 7 インストールウィザードを閉じる

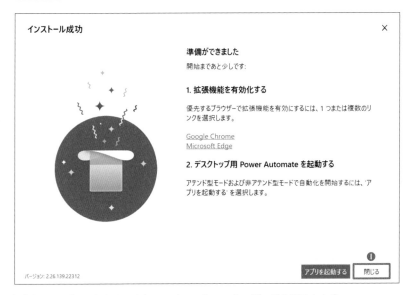

「閉じる」ボタンをクリックして、インストールウィザードを閉じます❶。

> **MEMO** 「Microsoft Edge」をクリックすると、Edgeブラウザーが起動して、Chromeブラウザーと同じように拡張機能の有効化ができます。

これで、Windows 10にデスクトップ向けPower Automateのインストールができました。インストールウィザードの最後の画面で、「アプリを起動する」ボタンをクリックすると、Power Automateの起動がはじまります。その場合は、Microsoftアカウントでのサインインからになりますので、2-2節を参照してください。

後からブラウザーの拡張機能を追加する方法

ブラウザーの拡張機能は、インストール後に有効化することもできます。Windows 11の場合には、Power Automateの操作中に有効化するかどうかのメッセージが表示されることもありますが、自分で有効化したい場合は、ここで紹介する方法で行うとよいでしょう。

ここでは、Microsoft Edgeの拡張機能を有効化しますが、Chromeブラウザーでも基本的な操作は同じです。

有効化の操作はフローデザイナーで行うので、Power Automateを起動して、新規のフローの追加操作をするか、既存のフローの編集を選択して、フローデザイナーを開きます。

STEP 1 メニューバーで「ツール」→「ブラウザー拡張機能」→「Microsoft Edge」を選択する

フローデザイナーのメニューバーで、「ツール」→「ブラウザー拡張機能」→「Microsoft Edge」を選択します❶。

STEP 2　Edge ブラウザーで拡張機能をインストールします

Edge ブラウザーで Power Automate の拡張機能の画面が表示されるので、「インストール」ボタンをクリックします❶。

表示されるメッセージ画面で「拡張機能を追加」をクリックします❷。
追加されたメッセージが表示されたら、メッセージ右上の「×」(閉じる)ボタンをクリックして、閉じます❸。

　これで拡張機能がインストールされて、有効化されました。Edge ブラウザーを閉じて、再起動しておくとよいでしょう。Edge ブラウザーの「拡張機能」の管理画面の「インストール済の拡張機能」で、「Microsoft Power Automate」が追加され、有効化されていることが確認できます。

図　**Edge ブラウザーの「インストール済の拡張機能」の画面に追加された Power Automate の拡張機能**

▶索引

●著者プロフィール

藤澤 専之介

Peaceful Morning 株式会社 代表取締役

化学繊維メーカーでの経理、大手総合人材サービス会社での営業の経験を経て、2018 年 9 月、RPA を専門にする Peaceful Morning 株式会社を設立。自身がサラリーマン時代、プログラミングスクールに通って挫折した経験から、はじめて RPA/Power Automate を見た際に「これであれば自分もできそう」「働き方を変革するツールだ！」と衝撃を受け、それ以来 RPA に邁進。 自動化できる人を 1 人でも増やせるように日々活動中。

twitter アカウント：https://twitter.com/sennosukerpa

白瀬 裕大

Peaceful Morning 株式会社 CTO

はじめての就職でネットワークの会社に入社し、サポートセンターの仕事に従事。ここではじめて "業務改善" というキーワードに触れ、VBA をはじめとした改善案を提案。その後、ロボットアームなどを使用した FA（Factor Automation）を行う会社へ転職し、物理的な業務の自動化などを経験する。フリーランスとしての活動を経て、2022 年 4 月に Peaceful Morning 株式会社へ入社。ロボットアームのティーチングやソフトの開発経験があり、RPA 製品としては Power Automate や UiPath などの経験がある。

Peaceful Morning 株式会社

2018 年 9 月創業。「働くことを我慢しない社会を創る」というミッションの元、ローコードツールや RPA を活用した働き方の変革を目指す会社。ローコード、RPA ツールの情報発信や、導入・開発、導入後の研修・サポートなど全域のサービスを行なっている。2022 年 10 月クラウドワークスグループ入り。

主なサービス
・RPA 専門メディア「RPA HACK」（https://rpahack.com/）
・RPA・ローコード開発者育成サポートサービス「Robo Runner」（https://robo-runner.com/）
・国内最大級の 800 名以上の RPA・ローコードプロフェッショナルマッチングプラットフォーム「RPA HACK フリーランス」（https://rpahack.tech/）

カバーデザイン ……………… 小口翔平＋阿部早紀子(tobufune)
本文デザイン・組版 ……… クニメディア株式会社
編集 …………………………… 小平 彩華・福井 荘介

●**本書サポートページ**

https://isbn2.sbcr.jp/14652/

本書をお読みいただいたご感想を下記URLからお寄せください。
本書に関するサポート情報やお問い合わせ受付フォームも掲載しておりますので、あわせてご利用ください。

パソコン仕事が一瞬で片付く Power Automate 超入門

2023年 2月 4日　初版第1刷発行

著者 ……………………………	Peaceful Morning株式会社　藤澤専之介　白瀬裕大
発行者 …………………………	小川 淳
発行所 …………………………	SBクリエイティブ株式会社
	〒106-0032　東京都港区六本木2-4-5
	TEL 03-5549-1201(営業)
	https://www.sbcr.jp
印刷・製本 ……………………	株式会社シナノ

Printed in Japan ISBN 978-4-8156-1465-2